HITOSHI NAGASAWA

VENUS ON VINYL

美女ジャケの誘惑

長澤 均 著

Rittor Music

Preface

レコードのことを欧米ではよくヴァイナル（Vinyl）という。本書の英文タイトルでは、ヴィーナスとの語呂合わせのように使ったが、もちろん日本で日常的に使われる「ビニール」のことではなくレコードのことを指している。昔はよくLPとだけ言っていた。SPに対する区別でもあったし短くわかりやすかった。

レコード好きのなかには、ジャケットが欲しいがために購入する人が少なからずいるはずである。サイズからして一幅の絵になったし、CDとは存在感がまるで違う。現在ではCDもプラケースではなく、紙ジャケット仕様が限定発売されたりしているが、これはレコード・ジャケットの幻影を追ってのことだ。多くは古いレコードの再発盤に紙ジャケ仕様が使われるのだから。

「美女ジャケ」というのは、このレコード文化のなかで生まれたものだ。ジャンルとして存在しているとも言い難いし、厳密な定義はないが、演奏者や歌っている人とはまったく無関係な美人モデルをジャケットにしたレコードのことをいう。ムード・ミュージック〜イージーリスニング、ラテン、ジャズ、ハワイアンなど音楽ジャンルにあまり関係なく存在するが、ムード・ミュージックが一番多かっただろう。本書で取り上げているのもこのジャンルが圧倒的である。

「美女ジャケ」という言葉は、ジャズ好き界隈で使われ始めたものだと思う。ジャズのレコードはアーティストが写っているものが多いから、数少ない美女ジャケはマニア心をくすぐるところがあった。チェット・ベイカーやズート・シムズの美女ジャケものは演奏の良さもあってオリジナル盤はかなり高価である。だが、それほど高価なものを狙わずとも1950年代には良質な美女ジャケが溢れていた。Capitolレコードの制作部によるものなどはモデルの選択から写真、そしてスタジオ・セットまでじつにゴージャスで洗練されていた。

本書は筆者がコレクションしてきたレコードのみで構成した本である。各レコードにそれなりの長さの解説を付したが、記述にあたって重視したのは、音楽以上にジャケットのことである。フォトグラファーやデザイナーがわかるものは、彼ら

の他の作品にまで言及した。一流モデルを起用した写真があれば、モデル名まで記した。そのジャケットがつくられる世界、その背後にある文化まで感じとれるように配慮した。いままで誰もそういう視点で美女ジャケをレコード文化のなかに位置づけてこなかったので、世界でも類例がない本と自負する。

たとえば美麗なジャケット写真だけを並べる。短いレコード評のようなものを添える。でも、そのレコードが手に入らなかったら、その音楽を体験できないのだから、ただの事典のようなものとしかならない。本書では、音楽を聴けずとも楽しめる記述を心がけた。もちろんマニアックな音楽好きが読んでも退屈しないように音楽のことも批評した。

本書では基本的にオリジナル盤を掲載している。ただし、モノラルかステレオかまではこだわっていない。レコードと出会うのはレコード屋での縁なのだ。マニア的完璧さでネットで漁ってもしょうがないという気持ちもある。どうしても紹介したく、でも、再発盤しか手元にないものは例外として数枚、掲載した。

レコードの掲載順に関しては、左肩にテーマのような言葉を入れたが、図像の類似性は尻取り的な連想が多い。じつは本書のもとになるレコード・コレクションはほぼ2000年くらいに揃っていて、2003年に単行本にすべく企画をつくったことがある。そのときのデータが残っているのでここに掲載した。すでに図像の連想や類似、といった分類ができていた。本書の編集コンセプトは、これをそのまま踏襲している。

だから15年も眠っていた企画が本書で甦ることになった。最近ではムード・ミュージックを売るレコード屋も減っているが、ネットでは盛んに売られてもいる。本書は美女ジャケという一分野を形成したグラフィズムを楽しむ本であるが、購入するときの指針となることも意図した。美女ジャケという海原は、果てしなく広大なのである。

Contents

美女ジャケの誘惑

Venus on Vinyl

Audio Culture

モノラルからステレオへ、オーディオ文化とLPジャケット

◆ LPレコードの開発

　ムード・ミュージック、ジャズ、ラテン、ハワイアンなど、さまざまなジャンルのレコードを本書には掲載したが、1950年代にリリースされたものが多くを占めている。この時代はレコード文化にとって特別な時代だった。まず技術革新があり、視覚的な革新もあり、そして広範に普及した。

　戦前のレコードは蓄音機にかけて聴く78回転のものだったが、これは基本的に両面1曲ずつの収録である。"狂騒の20年代"＝ローリング・トウェンティーズと呼ばれた時代にジャズとともにレコード・ブームが起き、クラシックの録音も盛んになったが、ともかくレコードはかさばるので、愛好家の居間を圧迫したし、片面の収録時間も短く頻繁にレコードを裏返す必要があった。

　その問題を解決するために、すでに30年代から収録時間が大幅に増える33回転のLP（ロング・プレイ）レコードの開発が進められ、戦後の1947年にColumbiaレコードから発売される。この間、ライバルのRCA Victorも同様の研究を進めており、45回転のレコードを開発し、LPレコード発売の翌年48年に販売開始する。結局、12インチ（30センチ）は33回転に規格が統一されることになり、45回転は7インチ（17センチ）のシングル・レコードとして販売されてゆくことになった。

　片面で20分近く再生できるようになったLPは、1曲の演奏時間の長いクラシック音楽の販売を当て込んでいたが、シングルは3〜4分程度のものが多いポピュラー・ミュージックをメインとした。というのは、当時多くの飲食店に置かれていたジューク・ボックスでの需要を考えていたからである。ジューク・ボックスの存在は戦前からすでにレコード需要の大きな要であり、

禁酒法時代にはギャングの収入の大きな柱でもあった。お店に有無を言わせずにジューク・ボックスを設置し、売上げはすべて自分たちのものにしたからである。ジューク・ボックスは内部に設置された20枚のレコードから選べるようになっていたが、これが小さな7インチ・シングルに取って代わることは、選曲できるレコードが増えるということを意味した。

　LPレコードが発売されると、従来の78回転レコードはSP（スタンダード・プレイ）レコードと呼ばれるようになる。レコード会社はLPの宣伝とセールスに余念がなかったが、SPは簡単に消えたわけではなかった。1950年代初頭までアメリカでもヨーロッパでも、まだSPのほうが売上げは上回っていた。従来のレコード・ファンにはそれは資産であったし、33回転のLPを買うには専用のプレーヤーも必要だった。

1950年代に飲食店に置かれたジューク・ボックス。クローム・メッキの誘惑は、自動車のデザインと同じ手法である。

©Verlag Dieter Fricke

レコード会社は家電会社にもアピールして33回転用のレコード・プレーヤーの販売を促進した。LPレコード発売のときにはフィルコ社（ラジオとTV製造の大手）が33回転用プレーヤーをすぐさま販売した。家電会社は33回転、45回転、78回転と三つの速度を選択できるプレーヤーを開発し販売し始めたが、それでも78回転に執着するレコード愛好者は多かった。イギリスはSPからLPへの転換がとくに遅かった国で、さすがに頑固な気質である。

◆ **アルバム・ジャケットの登場**

LPレコードには、盤が割れにくいという利点もあった。LP以前のレコードにはシェラックという天然素材が使われていたが、これは割れやすかった。シェラックはカイガラムシが分泌する虫体被覆物を精製したもので弦楽器のニスとしても古くから使われていたものだ。

その後、ポリ塩化ビニール（PVC）という化学合成した樹脂が実用化され、LPやシングル盤の素材にはこのPVCが使われるようになる。可塑性も少しあり、割れにくかったことでLPやシングルは、持ち運びや郵送がしやすくなった。SPレコードに対する33回転や45回転の勝利は収録時間だけでなく、こうした流通への対応性の良さということもあった。

そしてLPレコードには、デザインされたジャケットが付けられた！ 従来の78回転盤にはジャケットはなかった。ラベル（レーベル）があっただけである。LPレコードはジャケットで個性や内容を表現するようになり、購買者は部屋にそれを飾ることもできた。デザイナーには「レコード・ジャケット・デザイン」という仕事がひとつ加わったし、カバー写真で頭角を現すカメラマンも登場した。そしてレコード店は、柵にレコードを入れるだけでなく、美麗なジャケットを展示するようになった。こうしてLPレコードは急速に売上げを伸ばしてゆく。

1950年代はレコード・ジャケットという

あらたなグラフィック文化を生み出し、ジャケット・グラフィックはレコード文化を花咲かせる大きな枝ともなった。ただし、当面、まだ大人や中流層以上のものである。レコード・プレーヤーは大きく高価だった。それにやはりクラシック・ミュージックがレコード文化の中心だった。

だが、LP化の時代にムード・ミュージックは家庭に少しずつ浸透してゆく。レコードを頻繁に裏返す必要がなくなったことで、音楽をバックグラウンドとして聴く習慣が生まれたのだ。

BGM（バックグラウンド・ミュージック）は、レストランなど商業施設や工場で流す音楽として、1930年代にMUZAK（ミューザック）というシステムが開発されていた。デパートでかすかに流れている音楽がまさにそれで「エレベーター・ミュージック」とも呼ばれる。

ミューザックはアメリカ社会に深く浸透していった。BGMが存在することは、ふつうのことになっていったのである。そこにLPレコードが登場したわけである。家庭のなかでもミューザック的環境が再生され始める。ライト・クラシックと呼ばれる軽く聴き心地のよいクラシック音楽のレコードは戦前から売れ始めていたが、戦後、

RCA Victorが1950年に発売した45回転レコード・プレーヤー「9-JY」の広告。キャビネットの上の四角いプレーヤーである。3人の若い男女が描かれていることから45回転シングル・レコードのおもな市場が若者層にあったことをうかがわせる。

クラシック志望だった音楽家は、この新しい軽音楽～ムード・ミュージックの世界になだれ込んでゆく。マントバーニなどはその典型といえるだろう。

一方で管楽器を聴きやすくアレンジしたムード・ミュージックも大きな潮流となって弦楽器オーケストラと融合してゆく。ジャズ畑でキャリアを始めたポール・ウェストンなどが典型だ。こうしてムード・ミュージックはクラシックとジャズの双方から「耳をそばだてる」ようなエッジを取り除いて融合し、新しいBGM、家庭のミューザックとなっていった。

レコード会社各社は50年代には競って「Music for ～」のタイトルがつくレコードをリリースした。もっとずっとのちにブライアン・イーノが『Music for Airports』（78）を発表して「環境音楽」というジャンルを創出したが、イーノ的アプローチと別の次元でミューザックと「～のための音楽」というシチュエーション別ムード・ミュージックが存在していたということだ。

Capitolレコードのディレクターでもあったピアニスト兼作曲家のポール・ウェストンはムード・ミュージックの創始者とも呼ばれるが、この「Music for ～」の先駆者でもあった。さらにウェストンはディレクターとして市場調査までして、自身の初期のジャジーな表現よりも「クリーミー」な音楽に確たる市場があることを確認する。

そして「Music for ～」は50年代を通じてムード・ミュージックの定番としていろいろな作曲者、演奏者によってアルバム・リリースされてゆく。「for」のあとに続く単語は、夢、想い出、雨の夜、ダイニング、白昼夢、読書、映画、などといった言葉だった。ジョージ・メラクリーノは、この「Music for ～」路線をポール・ウェストンから引き継いで（というか借用して）成功したクチである。

さまざまなシチュエーションのための音楽、それが「Music for ～」が象徴したムード・ミュージックだった。家庭にいるとき、恋人と一緒のとき、読書のとき、あるいは陽気に、メランコリックに、あるいは静かなとか、雨の夕暮れとか。細分化されたテーマの音楽はしかし、実際にはさほど違っておらず、似たような曲が多かった。これは商品なのだ。大量消費社会の「家庭における必需品」のようにいくつものテーマを揃えることで、誰にでも受け入れられるようにパッケージされた音楽だ。個別のテーマをひとつの空間に押し込んだディズニーランドとも似ていた。

◆ 郊外生活の均質性

それらは1950年代の「アメリカン・ウェイ・

上／ポール・ウェストンが10インチでリリースした最初の『Music for Dreaming』。

左／一家団欒に鎮座するレコード・プレーヤー。妻が手にしているレコードにはジャケットが存在していることがわかる。

オブ・ライフ」とも通じていた。第一世界大戦終戦後、アメリカでは復員兵援助法が制定され、帰還した兵士のためにさまざまな補助金制度が準備された。住宅もそのひとつで郊外に広がる平屋の一戸建て住宅群は、大戦後の新しい風景となった。プレハブ工法による均質化された住宅は、「〜ville」とか「〜town」と呼ばれ、大都市の周縁部にいわゆる「サバービア（郊外）」を形成していった。

　戦後の消費文化は、この郊外生活者という大きな市場に向けて発信されたと言ってよいだろう。電気冷蔵庫、自動車（できれば妻専用も入れて二台）、そして家具のようなレコード・プレーヤー、システム・キッチン、さらにテレビ。これがサバービアの必需品となった。必要ないと思っても均質化された意識のサバーバン・ライフにおいては、隣人が持っているものは持たざるをえなかった。それは「コミュニティ」の見えざる規則のようなものだった。

　商品をみればわかるように、これらの電化製品があれば、人々は無理に外出しなくてもなんとかなった。クルマで大量の食材を買い、大型冷蔵庫に放り込み、システム・キッチンで料理し、しなければインスタントのTVディナーを摂ればよい。そう、TVディナーは1956年の発明だ。

そしてレコード・プレーヤーがあれば、わざわざコンサート・ホールや劇場に足を運ぶ必要もなかった。レコード消費は「家庭」を牙城とするような50年代の引き籠もり的心理で上向いた側面も否めない。

　ムード・ミュージックは、こうした消費社会のありようにうまくマッチして登場したわけである。とりたてて存在する必要もないが、どこの家庭にも一枚はあるようなジャンルだから、サバーバン・ライフには不可欠だった。1950年代前半、ロックンロールが表舞台に出てくる手前の時期は、家では家族はほぼ同じ音楽を聴いていた。居間の家具調のレコード・プレーヤーか、ラジオが音楽を提供した。

　ラジオは20年代に登場したときにはレコード産業にとって脅威だったが、戦後は共存していくことになる。1942年に設立されたCapitolレコードは、最初に無料でラジオ局にプロモーション用レコードを提供した。戦前はラジオでレコードをかけることに演奏家組合も含めてレコード産業は難色を示していたが、レコードのプロモーションに有効なことが認知されて方向転換されたのだ。のちにはレコード会社がDJを買収するなどの事件も起こる。

　1950年代のアメリカでの家具や電化製品のト

アメリカの家電大手〈フリジデール〉の1950年代の広告。大型冷蔵庫やシステム・キッチンは郊外生活者の消費を拡大させた。

レンドは巨大化するか小型化するかの両極だった。自動車が巨大化したのは周知のとおり。空を飛びそうなテール・フィンは1948年にゼネラル・モータースのハーレー・アールの考案によって瞬く間に市場を席巻するデザインとなった。電気冷蔵庫は郊外生活が拡大するにつれ大型化したし、レコード・プレーヤーも家の豪華な装飾品のようにウッド調で大きかった。ステレオ化はスピーカーがふたつになったことで、これに輪をかけることになる。のちにはテレビと合体したレコード・プレーヤーも販売された。巨大化はアメリカニズムにおける一種のオブセッションにほかならなかった。世界に君臨すること、世界一であることの隠喩が「巨大さ」だったのだから。かたや共産主義ソ連もさまざまなところで、このスケールを競っていたので、どちらも先に降りることはできなかったのだ。

　その一方で、スモール化も「進歩」のオブセッションとなって進行していた。50年代のRCA Victorの広告では45回転レコード・プレーヤーをなんと12.95ドルというロー・プライスで売り出したことを宣伝している。45回転シングルはポップ・ミュージックを軸に徐々にシェアを広めていったが、購買層の主役はティーンだった。戦後のベビーブーマーとして消費の主役にティーンが踊り出始めたのである。マーケティング会社は50年代後半以降、主要なマーケットとしてティーン層にリサーチの重点を置くようになる。

◆ オーディオ・テクノロジーの発展
　LPレコードの販促に力を添えたのはジャケットやプレーヤーだけではない。音質の技術革新が矢継ぎ早にアナウンスされてゆく。最初は「Hi-Fidelity」＝Hi-Fiだ。1930年代にす

でにRCA Victorが、この技術を打ち出したが、LPレコード化ののちには他のレコード会社もHi-Fi録音を謳い文句とした。1950年代半ばまでには中堅以上のレコード会社はほとんどジャケットに「Hi-Fidelity Recording」の文字を添えるようになっていた。

　「原音に忠実」というような意味合いでオーディオ用語化した「フィデリティ」は、1955年にはAudio Fidelityレコードというレコード会社を誕生させるまでになる。ちなみに戦後のアメリカでは推定、1000以上のレーベルが誕生したといわれるが、浩瀚な『レコードの文化史』を著したクルト・リースでさえ「正確な数字は誰も知らない」と書いた。レコード制作が簡易なものとなり、レコード店からレコード・レーベルに

1930年に世界初のカーラジオを開発したモトローラ社が1953年に出したステレオ・プレーヤーの広告。「ハイ・フィデリティ」が謳われている。

発展するものまであった。1980年代のRough Tradeレコードの先駆がすでに1940年代にあったわけである。

Hi-Fiレコードの次はステレオだった。すでに1930年代からイギリスのEMIを中心に開発が進められてきたが、なかなか商業化には至らなかった。映画ではディズニーの『ファンタジア』(40)が独自のステレオ音声で初めて公開されたが、映画館には専用の設備が必要だったから拡大公開のときはモノラルにリミックスされてしまった。

ステレオ録音のレコードを最初に売り出したのは大手ではなく、先述した小さなレーベル、Audio Fidelityレコードで1957年のことだった。ステレオの販売促進力は強力だったが、高価なステレオ専用のカートリッジとともに、左右ふたつのスピーカーを備えた再生装置が必要だったから、そう簡単には普及しなかった。60年代に入ってもメジャーなアーティストの作品にモノラル録音が多いのはこうした再生事情にも因っていた。

ただし、メーカーの宣伝にはうってつけだった。Capitolレコードのジャケットには「Stereo」の文字のそばに「The Full Spectrum Sounds」という言葉が添えられたり、「Full Dimentional Stereo」と大きく銘打たれた。RCA Victorは「Living Stereo」という文字を両脇のスピーカーのイラストを挟み込むグラフィックを添えた。Libertyレコードも立体的な「Stereo」の文字の前に「Spectra Sonic」という言葉を振った。もともとモノラルでリリースされたレコードもステレオ化されリイシューされたので、モノラル盤のジャケットの上部を切ってこれらの文字が入れられた。ジャケットの美しさをかなり損ねたのだが、この打ち出しは目新しく、なにか壮大なものを感じさせたのだ。

ステレオ再生にはそれなりの費用がかかったから若者がそれに簡単にのることはできなかった。大きなステレオ・セットは、都市生活者やサバービアの中年層以上には受け入れられたし、実際、クラシックやムード・ミュージックのレコードはみんなステレオ化されていった。だが、若

1950年代に存在したオーディオ・メーカー、アドミラル社の広告。「トリプル・スリル」と銘打っているのは、レコード・プレーヤー、テレビ、ラジオのコンポーネントを指している。イブニング・ドレスで正装して楽しむのにふさわしい豪華商品！

者が欲しているのはどこでも聴けるレコード・プレーヤーだった。そう、安価で軽いポータブル・レコード・プレーヤーのほうが重要だったのだ。音が右から左に動かなくともよかった。LPレコードも聴くが、まだまだ高い。45回転シングルは、若者の需要とともに伸びてついに1955年にSPレコード販売数を上回り、1959年に78回転のSPレコードを製造中止に追い込んでしまった。そしてこの頃からポータブル・レコード・プレーヤーは市場に出回り、60年代にはモダンでポップでカラフルなプレーヤーがおびただしく製造されるようになる。どこの家庭にも一台はあった、あの安っぽくて音も良くないプレーヤーが。

◆ ムード・ミュージックから
　イージーリスニングへ

フランスの話になるが、フランソワ・トリュフォーの映画『二十歳の恋』(62)で、主人公のア

左／1950年代の45回転レコード・プレーヤーの広告。発売当初は25ドルほどした
製品の改良版を13ドルくらいにまで安くしている。
上／1947年2月の『LIFE』誌に掲載されたラジオ付きレコード・プレーヤーの広告。

ントワーヌ・ドワネルはレコード製造会社に勤め
ている。そんな設定だから当時のレコード製造
現場をうかがい知ることができる。ドワネルの
部屋には一台のポータブル・レコード・プレー
ヤーがある。蓋を開けると、なんと裏側にスピー
カーが付いているのだ。これを壁にかけてドワ
ネルはレコードを聴く。こんな風景がヨーロッパ
やアメリカの若者たちの実像だったろう。リビン
グでソファに身を沈めて、パイプを吸いながら
ステレオ音楽を聴くのは大人たちであり、もうそ
こに若者の姿はなかった。

ムード・ミュージックはあらゆるジャンルを吸
収して変化していった。フェランテ&タイシャー
は現代音楽で使われた手法、プリペイド・ピアノ
奏法で、スペース・エイジ・バチュラー・パッド・
ミュージックの主要な担い手となった。スペー
ス・エイジ・ミュージックについては、「Exotica」
の項で再び触れよう。

ビッグ・バンド・ジャズを率いたスタン・ケン
トンは、ほとんどアヴァンギャルドな和声を深
化させていった。それがはたしてムード・ミュー

ジックだったのか、いまではちょっと不思議な
感じがする。

ロックンロールの台頭で、いっとき陰ったムー
ド・ミュージックも60年代末から70年代にかけ
てふたたび黄金時代を迎える。こちらはイージー
リスニングという言い方のほうが的確だろう。ア
メリカではビューティフル・ミュージックという
言い方もされる。美女ジャケもつくられ続ける
が、どこかが違った。Capitolレコードのような
凝ったセットで夢見心地の写真は少なくなり、即
物的に美女がいるだけのものが多くなった。本
書ではそのあたりは取り上げていない。ポール・
ウェストンのアルバムのタイトルにあったように
「Dreaming」なジャケットをメインに選んだか
らである。

「Music for Dreaming」という言葉は、ムー
ド・ミュージックがレコードの技術・音響的進化
とともに枝葉を広げていった1950年代を象徴す
る言葉のように思える。それはレコードを聴きな
がらジャケット・デザインを見て夢見心地になれ
た時代のことである。

凡例
・レコード・リリース年はファースト・イシューを記した。
・レコード番号は、モノラルとステレオ盤がある場合はモノラル／ステレオの順で記した。
・レコード会社は、本文においても欧文表記にした。
・索引ではアーティスト名のみ表記し、楽団名等は省いた。
・フォトグラファー、デザイナー等はわかる範囲で記載した。
・本文中の映画の製作年は下二桁で表記した。
・レーベル・ページは紹介しているレコード・ジャケットのみからセレクトして記載した。

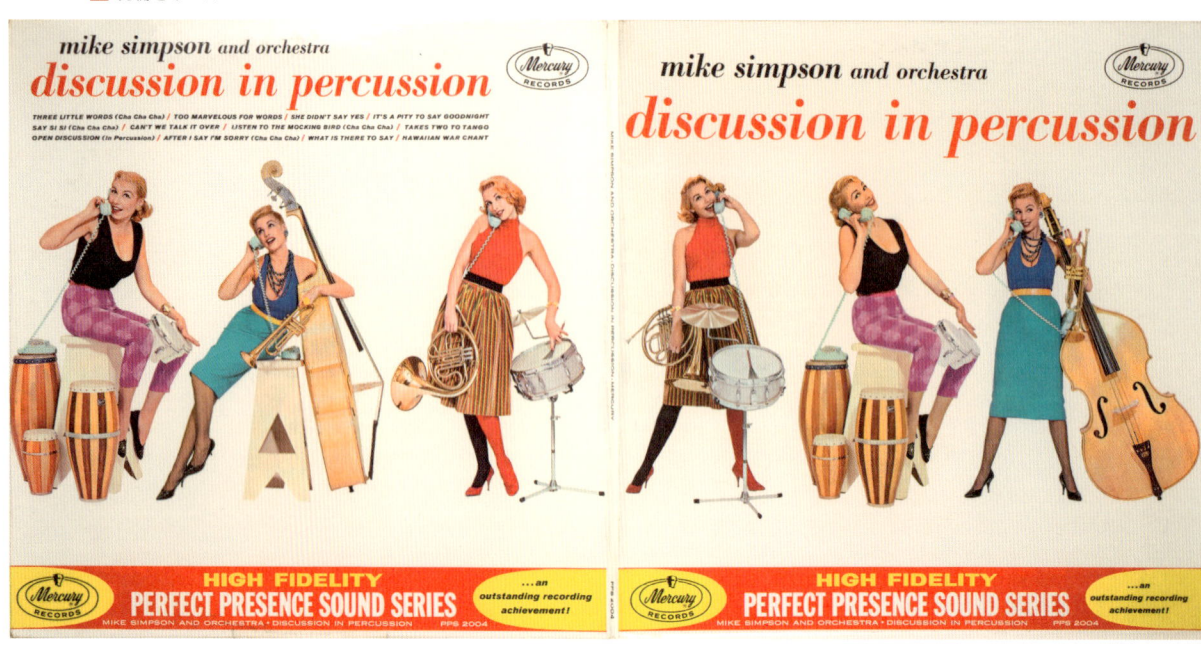

Mike Simpson and Orchestra

Discussion in Percussion

Mercury PPS 2004 / PPS 6004

1961

Mercuryレコードがよく出していたWジャケ、モデル撮影ものの一枚。ひとりのモデル裏表で6パターンのポーズ。衣裳もきちんとスタイリストがセレクトしたセンスの良いものだし、ヘアスタイルも神経が届いている。さまざまな楽器も色彩まで考えてセレクトされている。生成りのWベースやパーカッションの美しいストライプなど絵的なのだ。それでもこの撮影に関わった人物が誰もクレジットされていない。「Discussion in Percussion」のタイトルは韻を踏んで楽しいが、音楽のほうはパーカッション主体でモンド・ミュージック的だが、ちょっと飽きる。MercuryレコードのWジャケ・シリーズは、上に赤い帯のあるものがステレオ録音。下に赤い帯のある本作のようなものはモノラル録音である。収録は同じ年だから当時の録音事情が察せられる。

Xavier Cugat and His Orchestra

The Best of Cugat

Mercury PPS 2015 / PPS 6015

1961

Photo : George Pickow

Mercuryレコードがシリーズかのようにリリースした見開きジャケットの美女ポーズ。ザヴィア・クガート楽団のベスト盤はアビ・レーンがポーズしまくっている。1961年のリリースなので、すでにレーンは退団しているし、そもそも衣裳からして1958年までのクガート楽団にいた頃のものではないか？　まあ、過去のベスト盤ということで使い回しもよしとしているのだろう。ちなみにレーンがヴォーカルをとっているものは一曲も収録されていない。ショービジネス界はえげつない。ただし音楽のほうはさすがにベスト盤らしくラテンからエキゾチカまで、クガート楽団のそつのない巧さが十分に発揮されている。カバー写真を撮ったジョージ・ピコウは、ジャズや民族音楽のジャケットで活躍した写真家で、フォーク・ミュージックを掘り起こし体系化したミュージシャン、ジーン・リッチーの夫としても知られている。

Swimsuits by Marina Del Mar

Buddy Cole His Piano & His Orchestra

The Most Recorded Songs of All Time

Warner Bros W 1357 / B 1357

1960

Swimsuits : Marina Del Mar

メタリック用紙に印刷された美人コンテスト風の写真。これだけでも相当にテンションが上がる。しかも見開きのWジャケットという豪勢さ。それぞれのモデルのたすきには本作に収められた曲名が書かれている。水着は〈Marina Del Mar〉という50年代に有名だった水着ブランドのものだ。A面1曲目は、名作映画『ローラ』(60) の主題歌で、ポピュラー・スタンダードとなった「Laura」から始まる。ストリングスとピアノのアレンジはまるでレス・バクスター作品のように聞こえる。「Laura」が南洋風にも思えるのだから。つぎに「Begin The Beguine」がくると、このアルバムがエキゾ・ミュージックを取り込んでいることを確信する。1956年からのエキゾチカ大流行の流れを汲んだまま1960年に制作されたのだから。そしてB面の「All The Things You Are」の素晴らしいアレンジでとどめを刺される。ピアニストのバディ・コールは歌手ローズマリー・クルーニーのバックをはじめ、多くのシンガーのバックをつとめた。それにしてもこのアルバムは、レス・バクスター風に聞こえてならない。

Joe Bushkin

A Fellow Needs A Girl

Capitol T832

1956

Photo : Richard Avedon

カバー・フォトは『ハーパーズ・バザー』誌のファッション・フォトで大御所になったリチャード・アヴェドンによる撮影。さらにジョー・ブシュキンを囲んで艶然と微笑む5人の女性はハイ・ファッションのトップ・モデルたち。ピアノに寝そべっているのは当時、最もギャラの高かったスージー・パーカー、うしろに立っているのはサニー・ハーネットだ。ブシュキンのピアノをメインにストリングスがバックに響き、完成されたラウンジ・サウンド。バックカバーにはこう書かれている。「男には女性が必要だ、そして自分に問う。どの女性？　どのひとり？……アヴェドン・モデル？」。このアルバムは、アヴェドンをモデルにしたオードリー・ヘプバーン主演の『パリの恋人』が製作された年にリリースされた。彼は著名なファッション・フォトグラファーというだけでなくマスコミを賑わすセレブになっていた。

Ray Conniff and His Orchestra

'S Awful Nice

Columbia CL 1137 / CS 8001

1958

レイ・コニフ作品は、美女ジャケの宝庫だ。素晴らしいデザインのものも多いが、本書で2作品しか取り上げていないのは、手放してしまったものが多いからだ。50年代の作品でも60年代的なモダニズムに溢れていたと思う。コーラスが入るとさらにモダンだ。だが、レイ・コニフ自身トロンボーン奏者であることを反映してか、ホーンがうるさい。ひじょうに分厚い。大雑把な言い方だが、50年代的ムード・ミュージックというよりも60年代的イージーリスニングに近い。レイ・コニフ・シンガーズ名義になってからの作品を「ソフト・ロック」と評する向きもそこにあるのだろう。ジャケ左端の男性はレイ・コニフ本人である。

Ray Conniff and His Orchestra

'S Marvelous

Columbia CL 1074 / CS 8037

1957

Photo：Alfred Geschedt

美女ジャケの多いレイ・コニフ作品のなかでも最もデザイン的にすぐれているのは本作ではないか？　前年にリリースされた『'S Wonderfull』と同じモデルでスタジオ・セットを変えて撮った写真。撮影はザヴィア・クガート作品も撮っているアルフレッド・ジェシャイドだ。ガーシュイン作曲のスタンダード曲「スワンダフル」の歌詞が「'S Wonderfull, 'S Marvelous」と始まるところから2枚のアルバム・タイトルにしたわけだ。ただし、デザインはフォントをカラフルにした『'S Marvelous』が圧倒的に良い。コーラスもアレンジも57年のリリースとは思えないモダンさだが音が厚すぎる。軽快なコーラスに暑苦しいホーンが絡むところがレイ・コニフの欠点だ。

Dave Pell Octet

Jazz & Romantic Places

Atlantic 1216

1955

Design：Robert Guidi

デイヴ・ペルはブルックリンに生まれ、1940年代にカリフォルニアに移った中間派〜ウェストコースト・ジャズのサックス・プレーヤー。本作がジャケットの良さとアトランティックからのリリースということで代表作となっている。アレンジャーにもマーティ・ペイチやジャック・モントローズ、ショーティ・ロジャーズなど一流どころが加わっている。他にも数枚、本人が美女をはべらしたジャケット作品があるが、写真からしてちょっと二流っぽい。アトランティック・レコードがレーベルを黒のデザインに変えたのが、本作リリースの1955年。ジャケット・デザインにも力が入っている。次ページ掲載のメル・ヘンケのジャケットと雰囲気がそっくりだが、デザインはどちらもTri-Artのロバート・グイディ。ちなみにソフト・ロックの名盤で有名なデイヴ・ベル・シンガーズは別人である。

Mel Henke
Now Spin This! (Mel Henke, Vol. 2)
Contemporary C5003
1956
Design：Robert Guidi

メル・ヘンケは1915年、シカゴ生まれのジャズ・ピアニスト。名前のとおりドイツ系で、シカゴ・ジャズの系統にクラシカルな要素が入っている。本作のほかにも真っ赤なジャケットがインパクトのある『Dig』という1954年の作品が有名。デザインはデイヴ・ベルの『Jazz & Romantic Places』も担当したロバート・グイディ。メル・ヘンケの美女ジャケ作品には、ローマ皇帝に扮した本人が美女3人をはべらしたものがあるが、これはデイヴ・ベルがナポレオン時代の軍人に扮して美女3人をはべらしたもの（P.80掲載）と雰囲気がよく似ていて、なぜかヘンケとベルのアルバム・ジャケットは似たところが多い。

Serge Chaloff
Blue Serge
Capitol T 742
1956
Dress：Don Loper

ジェローム・カーンが1938年に作曲した名曲「All The Things You Are」の素晴らしい演奏が収録された名盤。サージ・チャロフは薬物依存症で苦しんだあとに癌になり、33歳の若さで亡くなったバリトン・サックス・プレーヤーだ。死の前年、1956年に録音されたこのアルバムは、バップ・テイストのプレイが心地良く、ジャケの良さも相俟ってコレクターズ・アイテムになっている。カバーの女性のドレスはハリウッドの衣裳デザイナーで振り付け師でもあったドン・ローパーによるもの。トルソーのジャケットは50年代にスターたちにも人気だった、ロカビリー風の〈Sy DeVore〉のものである。

The Norman Luboff Choir

But Beautiful

Columbia CL 1296 / CS 1296

1959

Photo：John Abbot　Makeup：Hazel Bishop

ノーマン・ルボフの作品はすべて良作だが、内容の素晴らしさ、ジャケットの良さという点でこのアルバムは最良のものだろう。たとえばダグラス・サークの映画作品に描かれるような1950年代のアメリカを想起するとき、ノーマン・ルボフ・クワイアの音楽を同時に想起する。それほどにも50年代のサバービアの光景なのだ。フランク・シナトラの歌唱で有名な「Fools Rush In」がルボフの手にかかると、まるで知らない曲を聴き始めたかのように感じる。クリエイティヴなのだ。モード雑誌のような写真を撮ったフォトグラファーのジョン・アボットの詳細は不明。メイクアップもクレジットがあり、こちらはヘイゼル・ビショップ。1950年に衣服やカップに口紅の跡を残さない「汚れない口紅」を開発・発売してヒットしたブランドである。そんな世相がここに反映されている。

Claude Yvoire and His Orchestra

Jewels from Cartier

RCA Victor LPM-1305

1956

Photo : Wendy Hilty

ウェンディ・ヒルティ撮影の美女の横顔にひときわ目立つネックレスとイヤリング。カルティエのものである。貴石にちなむタイトルのスコア すべてを書いたのが、ハリウッド映画やミュージカルで活躍していた作曲家のルイス・アルター。本作リリース時、すでに54歳で大御所といっ た感じになっていた。溯ること3年前、カルティエのプライベート・コレクションを見ることを許されたアルターは、ジュエリーにインスパイ アされた組曲を作り始めた。それが「Jewels From Cartier」だというが、話が出来すぎだろう。ともあれ手練れのアルターは「Emerald Eyes」はルンバで南米風味を、「Pearl of The Orient」や「Black Pearl of Tahiti」では東洋や南洋風、ダイアモンドをテーマにすれば ワルツでウィーンの宮廷風、翡翠をテーマにした曲は中国を想起させるという具合で、さながら宝石を足がかりにした世界旅行アルバムに仕 上げている。演奏はスイス、バーゼル出身のクロード・イヴォワール楽団。

Hans Sommer

Dreamy Hans at The Piano

RCA Victor LPM-1359

1957

Photo : Wendy Hilty

「美女ジャケの中の美女ジャケ」として筆者が最も大切にしてきた一枚。モデルの美しさ、ピアノとのオーバーラップ。控えめなフォントの置き方、どれを取っても一級。ハンス・ソマーはベルリン生まれのピアニストでマックス・ラインハルトに見出された。ラインハルトはカバレチスト（キャバレー芸人）出身で20年代に〈ベルリン大劇場〉の総支配人となった演出家。ソマーは彼の支援のもとに映画音楽にも乗りだしてゆくが、妻がユダヤ系だったために1939年に家族でアメリカに亡命した。ソマー55歳のときのこの初アルバムは端正でクラシカル。「All The Things You Are」のリリカルな美しさは比類ない。カバー写真を撮ったウェンディ・ヒルティは女性名だが、じつはWendelin Hiltyのニックネームで男性写真家だ。50年代に『エスクァイア』誌などで活躍し、RCA Victorのアルバムでいくつもの作品を残している。

Ronnie Binge and His Orchestra

Girl of My Dreams

RCA Victor LPM-1458

1957

Photo : Donn Wynn

ロニー・ビンゲは映画、ラジオ、TVのために作曲し、自らの楽団でRCA Victorからは3枚の作品を出した。そのデビュー作がこれである。「Dream」にまつわる楽曲を揃えており、ストリングス中心に柔らかなベース音を据えて甘さは十分である。アルゼンチン・タンゴのヴァイオリニスト、ホアン・ダリエンソのLP『Gran Obelisco del Tango』が日本ビクターから発売されたときに、このカバー写真は使い回されたが、遠景のベッドに横たわる部分はカットされた。このカバー写真の良さは、その遠近の極端さだというのに！

The Melachrino Orchestra Conducted By George Melachrino

The Immortal Ladies

RCA Victor LPM-1110

1956

筆者が美女ジャケ蒐集で、最後の最後まで探し求めたふたつの作品のうちのひとつがこちら。メジャーなメラクリーノ楽団は、何枚ものアルバムを出しているがこれは滅多に市場に出ない。まずモデルが良い。プラチナ・ブロンドに染め、白の長手袋に肩の露わなドレスがセクシーだ。いくつかのポーズをモノクロの濃淡で重ね焼きして文字はかなり小さめに。1956年発売だが、当時のモダニズム・デザインの最良の部分がここにある。このモデルのアザー・カットを流用したのが次ページ掲載のVikからのマーティ・ゴールド作品。RCA Victorは撮影に予算を使うが、使い回しも派手だ。楽曲はすべて女性名のタイトル曲を集めている。「Laura」や「Mona Liza」など有名楽曲を入れて安定の路線である。

Marty Gold and His Organ Ensemble

Organized for Hi-Fi

Vik LX-1069

1957

前年にスペース・エイジな『Wired for Sound』を発表したマーティ・ゴールドが、3台のオルガン（2台はハモンド・オルガン）にベースやパーカッションなどを加えたアンサンブルで制作したアルバム。この時期、オルガン主体のアルバムが多いのはいまの感覚からするとちょっと不思議だが、このアルバムはゴールドらしいスペース・エイジ感がある。『All The Things You Are』はオルガンにもぴったりの曲だ。じつはもっと驚くべきことは、このジャケの女性モデルはメラクリーノ楽団の『The Immortal Ladies』のジャケット（前ページ掲載）の別カットだということ。スタイリングも一緒だが、ジャケット・デザインは圧倒的にこちらが劣る。RCA VictorのサブレーベルであるVikだから使い回しがきいたのだろう。

Alfred Newman and His Orchestra

String Enchantment...

Decca DL 8194

1955

Photo : Larry Gordon

1930年代から1970年まで数々の映画音楽を手がけてオスカーを9回も受賞したアルフレッド・ニューマンのアルバム。ジャケット写真にフォトグラファーのクレジットが入っていることでも気合いの入れようが感じられるデザイン。1曲目から中空を舞う曲芸師のようなストリングスが美しい傑作アルバム。ニューマンが音楽を担当した映画作品は200本を数えるが、『暗黒街の弾痕』、『歴史は夜作られる』、『ハリケーン』、『血と砂』、『殺人幻想曲』、『都会の叫び』、『三人の妻への手紙』など傑作も数多い。

Sid Bass

From Another World

Vik LX-1053

1956

Photo：Wendy Hilty

ジャケット・デザインも内容もVikレコードらしいスペース・エイジ・サウンド。シド・ベースはラジオ音楽やナイトクラブの楽団のアレンジなどを手がけてきて、この初アルバムのときにすでに43歳だが、アレンジの斬新さと音へのこだわりは半端でない。60年代映画サントラでのジャジーかつポップというモダンさを先取りしている感じだ。69年には『Moog España』というモーグ・シンセサイザーによる作品を発表しているくらいだ。前年に大ヒットしたワルター・カールス（ウェンディ・カルロス）の『スウィッチト・オン・バッハ』の商業的成功にあやかったものだろうが出来は良い。「Another World」をイメージさせる楽曲だけで構成されたこのアルバムは、SF的な効果音の多用、ジャジーなモダンさ、それにムード・ミュージックが融合した傑作である。だって「ストーミー・ウェザー」が宇宙の音楽に聞こえるなんて誰が想像できるだろう？　写真は名手、ウェンディ・ヒルティによるもの。

Norrie Paramor His Strings and Orchestra

The Zodiac Suite

Capitol T 10073 / ST 10073

1959

『Re/Search』誌の「Incredibly Strange Music」特集で紹介されて以降、ジャケットだけで有名な作品。黄道十二宮をテーマに各星座をタイトルに冠した12曲が収められている。ストリングス・アレンジが良く、ノリー・パラマーの作品のなかではかなり出来が良い。1959年リリースということもあろう。60年代にかけてムード・ミュージックは、ポップ・ミュージックと融合して陳腐化していったと考えるが、それはパラマーの作品歴に如実に表れている気がする。本作はパラマーの本拠地ロンドンで録音して米キャピトルからリリースされた。美しいモデルの表情と黄道十二宮をアレンジしたカバーは秀逸だが、デザイン等の詳細は不明。

Ethel Azama

Exotic Dreams

Liberty LRP 3104 / LST 7104

1959

Design：Garrett-Howard

エキゾチック・ミュージック好きにはよく知られた作品だが、エセル・アザマのことはよく知られていない。そもそも女性歌手ならこのカバー写真の女性か？　と思ってしまうが、カバーのモデルはマーティン・デニーのほとんどのアルバムでモデルをつとめたサンドラ・ワーナーだ。ピンがきている手前の針金でつくった頭部像がいかにもフィフティーズな感じで秀逸だが、デザインは本書で何回も名前が登場するギャレット＆ハワードだ。で、エセルとは？　彼女はハワイ出身の日系二世で、このアルバムはマーティン・デニーがプロデュースした。A面の1曲目が「Ringo Oiwake」。それを日本語で歌う。彼女は本作の翌年、西海岸ジャズ界で編曲家、コンダクターとしても知られたマーティ・ペイチを迎えて自身、カバー・モデルとなって「Cool Heat」というアルバムを出したが、あまり話題にならなかった。エキゾでジャジーな演奏を繰り広げるバックがとても良く、ラストの日本語で歌われる「枯葉」が素晴らしいアルバムだったのに。

Bill Pursell

Chasing A Dream

Columbia CL 2077 / CS 8877

1963

Photo：J. Frederick Smith

冒頭の「Chasing A Dream」から壮大なオーケストレーションと女性コーラスで、ジャケのエキゾチックな美女との連想で、エキゾものの大作のように感じさせる。ビル・パーセルは作曲もこなすピアニストだが、これはアレンジャーのビル・ジャスティスによる功績が大だろう。たんに壮大なのではなく、エキゾチシズムを感じさせるのは、この時期まだエキゾ・ブームが続いていたからか。3歳からピアノを始めて4歳で作曲もしたというパーセルのピアノも南洋風ムード・ミュージックの弾き方を意識している。映画『Mondo Cane（邦題：世界残酷物語）』のサントラ大ヒット曲「More」も取り上げていて、センスの良いアルバムである。カバー写真は、50年代にピンナップ・イラストで人気だったイラストレーターのJ・フレデリック・スミスが撮影したもの。モデルの顔つきがスミスの描くイラストの美女によく似ている。

Norrie Paramor His Strings and Orchestra

In Tokyo-In Love

Capitol T 2526 / ST 2526

1966

イギリスでレコーディング「プロデューサー」という職業を創出したと言われるノリー・パラマーは、クリフ・リチャードの数々のヒット作品をプロデュースしたことでも知られる。作曲家でありバンド・リーダーでもあったパラマーは、英EMI傘下となったキャピトルから「Jet Flight」というパンナム／ボーイング707機の写真をジャケットに使用したアルバムを1958年にリリース。これは「エアライン」マニアに人気が高い。本作も「着物ジャケ」として秀逸だが、音楽的には凡庸なイージーリスニングである。こちらはすべて日本のポピュラー曲からの選曲。

The Surfmen

The Sounds of Exotic Island

Somerset P-10500 / SF-10500

1960

Photo : George Pickow　Cover Art : Will Dresseler

A面1曲目の「Quiet Village」から始まり、「Bamboo」や「Taboo」などエキゾチカの名曲が並ぶ。演奏がモダンで洗練されて素晴らしいのは、サーフメンが西海岸のジャズメンを集めてつくられたものだから。仕掛けたのはバジェット・レーベル、Somersetレコード創設者のプロデューサー、デイヴ・ミラーだ。このアルバムにしてもマーティン・デニーとアーサー・ライマンをパクっただけと業界の評判はよろしくなかった。ミラーは儲けのためにだけレコードを制作していたようで評判が悪い。サーフメンも2枚のエキゾ・アルバムを残しただけだが、内容は良いし、ジャケも良いので残念だ。カバー写真を撮ったのは映像作家としても知られるジョージ・ピッコウ。バジェット・レーベルのジャケとは思えない秀逸な出来だと思う。

Arthur Lyman

The Legend of Pele

HiFi Records R-813 / SR-813

1959

エキゾチック・ミュージック（エキゾチカ）といえばマーティン・デニー、彼に曲も提供していたレス・バクスター、それにこのアーサー・ライマンが筆頭だろう。ジャジーで高度な音楽性を持つライマンの初期作品はどれも傑作だが、美女ジャケは少なく、かろうじてこの作品がひっかかるくらいだ。他のエキゾチカのミュージシャンが米本土のアメリカ人であったのに対し、ライマンはヨーロッパ人とハワイ人の血を引くハワイ在住のミュージシャンであった。ホテルで働いていたときにデニーと知り合い、そのマリンバ奏法の巧みさに惹かれたデニーが自身のバンドに引き抜いた。のちにライマン自身のバンドを組んでからは米本土でのエキゾチカ流行もあって、25枚以上のアルバムを制作する。最初期のアルバムは溶岩をモチーフにしたものかハワイの夕景をロマンティックに写したものだった。こちらも火山の女神、ペレをモデルに溶岩写真を合成してインパクトがある。ライマン作品のほとんどをリリースしたHi-Fiレコードはハリウッドを拠点にした独立系レーベルでエキゾチカをメインに据えたラインナップだった。

The Gene Rains Group

Rains in The Tropics

Decca DL 4348 / DL 74348

1962

下北沢のレコード店〈Moodsville〉の壁に飾ってあったのをずっと眺めていたら、お店の人にジーン・レインズは良いですよ、と言われ試聴の末に買ってしまったレコードである。案外高かったので迷っていたのだが。ジーン・レインズはハワイ出身のヴィブラフォン奏者で、地元でジャズ・カルテットを組んでエキゾチカをやっていたところを有名なハワイアン歌手、アルフレッド・アパカに見出され、Deccaレコードを紹介された。1960年から62年まで3枚のアルバムをDeccaに残しただけだが、マーティン・デニー、アーサー・ライマンに次ぐ第三のエキゾチカとして評価されるようになった。代表作であるこのアルバムはセット撮影の写真も良いが、「熱帯の雨」のタイトルにかかる大きな雨粒のイラストがなんとも絶妙。

Tommy Morgan

Tropicale

Warner Bros. 1214 / BS 1214

1958

Photo : Tommy Mitchel

タイトルどおり南洋エキゾ・ミュージック・アルバム。トミー・モーガンはハーモニカ奏者だが、残したアルバムはこの一作のみ。バックのウォーレン・バーカー楽団もエキゾチカ専門ではない。だが、これは見事に洗練されたエキゾチカになっている。楽曲のほうはマーティン・デニーやアーサー・ライマンが好んで演奏したものばかりで、いわばエキゾチカ名曲集だ。デニーがアルバム『Exotica』をヒットさせたのが1957年。わずか一年後の制作でここまでエキゾ・ミュージックの様式が他のミュージシャンに会得されていることに驚く。カバー写真を撮ったトミー・ミッチェルの詳細は不明。

Les Baxter and His Orchestra

The Primitive and The Passionate

Reprise R 6048

1962

Photo : George Jerman   Art Direction : Merle Shore

「未開性と情熱」といったようなタイトルで、レス・バクスターならではのエキゾチック・サウンド、スペース・エイジ・サウンドを繰り広げている。「Tenderly」や「Laura」などよく知られた名曲が、アレンジの妙でどことも知れない未知の世界を想像させるような音楽になっているのには、ほんとうに驚かされる。バクスターの才能は底知れない。ほとんどの作品をCapitolレコードからリリースしてきたバクスターだが、これは1960年にフランク・シナトラが設立したRepriseレコードからリリースされた。Repriseはシナトラが「アーティストの自由」を確保するために設立したが、流通の問題もあって1963年にはWarner Bros.レコードに売却されている。カバー写真はCapitolとWarner Bros.で多くの仕事を残したジョージ・ジャーマン。アートディレクションのマール・ショアは、1950年代から長くジャズ・アルバムを中心にデザインして多数の素晴らしい作品を残している。

Acquaviva and His Orchestra

The Exciting Sound of Acquaviva and His Orchestra

Decca DL 4465

1963

海外のエキゾ・ミュージック本などにもこのアルバムが掲載されていて、なるほどジャケットはエキゾチカ名盤のような匂いがする。そもそも「Acquaviva」の名が楽園のような響きではないか！　楽団を率いるニコラス・アクアヴィヴァは第二次世界大戦に従軍しており、そこで多少のエキゾ体験はあったのかもしれない。本作収録の曲の大半を作曲もしており、レス・バクスターの影響も感じられる。エキゾ・ミュージックとは言えないがエキゾ的で面白い。それはブームが過ぎた1963年のエキゾ気分だったのかもしれない。カバー・デザインは、写真のクリアさ、フォントの配置等が50年代のロマンティシズムから60年代のモダニズムへの転換を示しているように思う。

Walter Wanderley

Muimurio

Tower T 5058 / ST 5058

1967

ボサノヴァの最も有名なオルガン奏者といえばワルター・ワンダレーだろう。1950年代にブラジル本国ではすでに人気だったが、60年代半ばにはアメリカに進出しアストラッド・ジルベルトとの共演などVerveレコードに6枚の録音を残した。本作は1964年に老舗のCapitolレコードが創設し、短命に終わったTowerレコードに吹き込んだもの。リリースした67年にはとてもモダンでイカしていただろうビート感のあるサンバだ。アメリカ市場を意識したコマーシャリズムが入ってはいるのだが、それがポップでもある。そしてこのカバー写真。ブラジル風とかでなく、いかにも西洋からみた南洋のエキゾチシズム。アクの強い顔はいわゆる西洋風美人とは違うだろうが、個人的にこのテの顔が大好きなのでやはり美人なのだ。

Rene Paulo Trio

Black Coral

Liberty LRP 3143 / LST 7143

1960

Cover Design : Pate / Francis & Associates

レネ・パウロはフィリピン人の血を引き、ハワイで育ったピアニスト。ジュリアード音楽院で学んでいる。本作はデビュー・アルバムだが、完成度は怖ろしく高い。ベースのエド・シャンクとパウロでアレンジした全曲は、いわゆる"ハワイアン"として知られるものだが、完全にジャズ演奏であり、パウロのピアノはもとより、シャンクのベースもブルース・ハナダのドラムの演奏能力も一級。エキゾチカ・ジャズの大名作と言えるだろう。ジャケット写真、デザインのペート／フランシスの会社はLibertyレコードで多くの優れたデザインを残している。

The Rene Paulo Group

Tropical Heat Wave

Hifi L 1012 / SL 1012

1963

レネ・パウロが『Black Coral』に続いてリリースしたのが本作。日本のナイトクラブにもたびたび出演していたというパウロがハワイを本拠にし、ハリウッドでリチャード・ボーンが創設したHifiレコードのサブレーベル、Life Seriesレコードからリリースした一枚。このLife Seriesは、ジャジーなハワイアン・サウンドのアーサー・ライマンの作品をリリースしていたことでも有名だ。前作のトリオ編成にギターのトミ・フクイが加入してカルテットに。アーヴィング・バーリンの曲（1曲を除く）で構成されたこのアルバムは編曲と演奏のセンスで卓越している。レコーディングはハワイのヒルトン・ホテル。

Martin Denny

Forbidden Island

Liberty LRP 3081 / LST 7001

1958

Design：Garrett-Howard

ジャケット・デザインは、マーティン・デニーの「Exotica」シリーズ他を手がけたギャレット＆ハワード。そしてモデルはやはりデニー・アルバムの多くで登場するサンドラ・ワーナー。まったくこの女性は百面相である。巨大なモアイ像と椰子の葉が、この時期のエキゾ・ブームのグラフィカルなアイコンを示している。よく見るとサンドラ・ワーナーのドレスもエキゾチックな感じだ。音楽はA面1曲目の「Cobra」（デニーの作曲）のかなりの東洋風味から強烈なエキゾ。B面にはあの「桜〜」でおなじみの「Sakura」がいささか中国風〜ジャジーなアレンジで収められている。ワイキキの観光スポット〈ドン・ザ・ビーチコマー〉での9ヶ月に渡る公演のあとに録音されたそうだ。デニーの作曲で5曲。レス・バクスター作品が2曲収められている。

Ferrante & Teicher

Pianos in Paradise

United Artists UAL 3230 / UAS 6230

1962

現代音楽家のジョン・ケージが発案したプリペアド・ピアノ、つまりピアノの弦の上に金属や木などを乗せて本来の音から変換してしまう手法をムード・ミュージックの世界でいち早く取り入れたのがピアノ・デュオのフェランテ＆タイシャーだ。『Soundblast』、『Soundproof』（どちらも1956年リリース）といった宇宙ジャケのスペース・エイジ・サウンドものもあって、実験性とスペース・エイジへの視点はかなり早いしサウンドも面白い。この『Pianos in Paradise』はジャケと選曲はエキゾチカだが、演奏はスペース・エイジ的。バックのオーケストラを率いるニック・ペリートは、1960年代から70年代にかけてMUZAK*のために多くの仕事をしたアレンジャーである。

　*ミューザックは1930年代にジョージ・オーウェン・スクワイアが特許を取ったBGMシステム。そこから流れる音楽は「エレベーター・ミュージック」と呼ばれる。日本でも昔からデパートなどで流れていたイージーリスニングは、欧米でいうところのエレベーター・ミュージックである。

The Waikikis

Pearly Shells from Hawaii

Kapp KS 3555 / MCA MCA 544

1968

1968年にKappレコードからリリースされたものがオリジナルだが、掲載した写真は73年のカナダ盤である。ワイキキズなんていうバンド名からはハワイのバンドを想像するが、じつはベルギー人のスタジオ・ミュージシャン・バンドである。おそらくはアメリカでのエキゾ・ミュージックの流行を受けて結成したもので、60年代にはベルギーとドイツでけっこうな人気を得たようだ。やっているのは定番のハワイアン名曲で、演奏もイージーだが雰囲気はある。ようするにハワイに憧れる人のためのソフィスティケートされたハワイアン・ミュージックであり、カバー写真もそれを物語っている。

The Norman Luboff Choir

Aloha

RCA Victor LPM-2602 / LSP-2602

1963

50年代アメリカのサバーバン・ライフを象徴するかのような調和の取れたノーマン・ルボフ・クワイアの世界もエキゾチカの大波には乗らざるをえなかった。1959年にハワイがアメリカの50番目の州に「昇格」したことで、米本土では熱狂的なハワイ・ブームが興り、誰もがそれに乗ったというわけだ。カバー写真のセクシー顔のモデルがネイティヴ・ハワイアンというよりも東洋風というのは、アメリカ人のエキゾ感覚があくまで自分たちが勝手にイメージする異郷風だったことを示している。音楽のほうはコーラス・バンドであることを活かして、かなり真面目にハワイアンに取り組んでいる。

George Shearing

That Fresh Feeling!

Capitol T 2567 / ST 2567

1966

Photo：Ken Veeder

ジョージ・シアリングの1966年リリース作品。まるで50年代の美女ジャケ、もしくはエキゾチカのような雰囲気に驚く。60年代半ばはポール・モーリアらのフランス勢が台頭してくる時期で、ジャケに美女写真が使われても何か雰囲気が違った。本書のセレクトでもわかるように筆者は50年代派である。何かが違うのはこの録音もだ。1曲目の「I'll Be Around」からロックのようなベース音に驚く。モダンな音にしようとレコーディング・エンジニアがこだわったのだろうが、そこにストリングスを被せてもちぐはぐで、それはこのアルバム全体に言えるちぐはぐさだ。そもそもロック寄りの硬質な音にしたカルテット演奏に、まったく別に収録された甘いストリングスを被せても違和感が募るだけだろう。東洋風にもみえるモデルだが不明。写真はCapitol写真スタジオのケン・ヴィーダーによるものだ。

Googie René

Romesville!

Class CS-LP 5003 / Rendezvous records M-1313 / S-1313

1959

Photo : Garret-Howard　Clothes : Sy Devore

ローマ遺跡の列柱とフェラーリを用意したご機嫌なジャケットの『Romesville』。このアルバムを入手したのは品揃えもセンスも一級だった下北沢のレコード店〈Moodsville〉。「〜ville」は1950年代にムード・ミュージック、ジャズ界隈で人気の語尾だった。ランデブー・レコードはR&Bやロックンロールの作曲者レオン・レネが1940年代に設立したExclusiveレコードのサブレーベルとして1958年に発足。翌年、息子のグーギー・レネによる本作が発表された。楽曲はすべてイタリアの都市にちなんだもので、多くは"Googie"ことラファエル・レネの作曲。ジャズ、ラテン、R&Bの要素が盛り込まれ、曲によってミュージシャンを招聘した力作で内容は素晴らしく良い。カバー写真はマーティン・デニーやジュリー・ロンドンのアルバムを撮ったギャレット&ハワード。グーギー・レネのカーディガンを提供したのはロックンロール系人気ブランド、〈Sy Devore〉である。

Jack Fascinato

Music from A Surplus Store

Capitol T1225 / ST1225

1959

モード雑誌に登場するような美女とその運転手。タイトルどおりサープラス・ショップで買い物といった風情だが、音楽そのものがこうしたショップで売られているブラシや缶などの非楽器を用いたジャズという斬新なもの。その想像力と構成力には圧倒される。ガジェット・ジャズなどと評されるが、ようするに既存のジャズにはない独創的なものということだ。ガラクタ音楽というわけではなく、チェロの低い響きを優雅に入れた曲「Adios Castanets」のように随所にリリカルでシックなところがみられ、そのセンスの良さがうかがえる。ほとんど天才的ともいえる作曲家、アレンジャーのファシナートは、たった3枚のアルバムしかリリースしなかった。この秀逸なジャケットの写真、デザインはCapitolレコード制作部によるもの。

Jack Marshall

Soundsville!

Capitol T1194 / ST1194

1959

Capitolレコードのロゴ入りマイクロフォンを大小コラージュして、中央にジャック・マーシャルを囲む美女。このジャケだけでも十分に人気で、サバービア・ブームの頃は高値だったアルバム。ウェストコースト・ジャズ・サウンドだが、マーシャルの口笛を大胆にフィーチャーしたり、モノを叩いた音を入れたり、多分にハイ・フィデリティ・サウンドでの音の聞こえ方を意識して録音した作品だ。ギターにバーニー・ケッセル、ドラムにシェリー・マンなど西海岸ジャズ界のスターたちが参加して軽快な演奏を繰り広げている。ジャック・マーシャルはジャンゴ・ラインハルト風のギター・ソロやツィター演奏まで披露して多芸なところをみせている。

Ray Ellis and His Orchestra

Ellis in Wonderland

Columbia CL 993

1957

Photo：Hal Reiff

「エリス・イン・ワンダーランド」のタイトルに不思議の国のアリス的な写真が人気のアルバム。カラー写真にさらに着彩して発色を良くしている。写真を撮ったハル・レイフは1950年代にミランダ・カメラという英国にあったカメラ・ブランド（製造は日本といわれるが、日本のミランダ・カメラとは直接の関係はない）の一連の広告写真で知られる。楽団を率いるレイ・エリスはビリー・ホリデー、クリス・コナーなどのアルバムのアレンジャー、またプロデューサーとして知られるが、このアルバムが最初のリーダー作品である。アル・コーン、アービー・グリーン、ディック・ハイマンなど錚々たるメンバーを擁し、ストリングスにコーラスが被さる壮大な一曲目から、モダンにホーンを入れたスピード感あるマンボ楽曲まで、まさにワンダーランド。

Wild Bill Davison With Strings

Pretty Wild

Columbia CL-871

1956

Photo : Dan Wynn

ジャズ・コルネット奏者 "ワイルド" ビル・デイヴィソンがストリングスと組んだ作品。チャーリー・パーカーやキャノンボール・アダレーなどストリングスと組んだアルバムを成功させたジャズ・プレーヤーは何人かいるが、ビル・デイヴィソンもしかり。コルネット奏法はディキシーから中間派ジャズ的なものだが、ストリングスにはマッチしている。カバー写真はファッション、ポートレートなど広告や雑誌で活躍したダン・ウィンによるもの。『ハーパーズ・バザー』誌でも撮っていたくらいだからさすがにお洒落だ。ネグリジェ美女の配置も良いし、空間演出からデザインまで、美女ジャケとして最高の一枚。

Reg Owen and His Orchestra

All I Do is Dream of You

RCA Victor LPM-1580

1958

Photo：Raymond Jacobs

瀟洒なリビングでソファに横たわる女性というのが目を惹く。ロケーションはデパート・チェーンの〈メイシーズ〉。家具の売り場だろうか？ 左の暖炉のような家具は引き出しがあり、中段はライティング・テーブルのような仕様だ。上段は扉を開くとカップボードなのだろう。右手前には三角形のオケージョナル・テーブル。カーテンに挟まれたところに置かれた燭台など、ユニークでフェイクっぽい家具に興味が惹かれる。一枚のジャケットが指し示す世界は広大だ。カメラマンはレイモンド・ジェイコブス。いまではほとんど忘れ去られているが、1950年代にはモノトーンの硬質なアート写真を残していて、彼がなぜ写真史に名が残らなかったのか不思議なくらいだ。楽団を率いるレッグ・オーウェンはイギリスで活躍し、いくつものアルバムを出している。上品で優雅だが、ちょっと個性に欠ける。

Del Courtney

Dancing Til Daybreak

Capitol T1070

1958

いかにもホテルの入り口というカバー写真が、ほかに例がなく秀逸な作品。デル・コートニーは1930年代後半にサンフランシスコの〈クレアモント・ホテル〉の専属として楽団を編成。ベイエリアで人気のバンドとなった。40年代にはレストラン〈ブラックホーク〉と契約するなど、もっぱらホテルや高級レストランのボールルームでダンスのための演奏をした。1958年のこの最初のアルバムは音楽的にはスウィング・ジャズをムード・ミュージックに落とし込んだもの。タイトル通り「夜明けまで踊る」である。ジャケット写真にホテルが使われているのもコートニーの経歴からだ。シューズと同色のターコイズのドレスを着た女性モデルが華やかで、これは当時、チェーンを拡大していたファッション・ブランド〈Ohrbach's〉のもの。この頃が全盛期で1970年代には経営が悪化して1987年に倒産してしまった。

CAPITOL FULL DIMENSIONAL STEREO

RAY ANTHONY
PLAYS FOR DREAM DANCING

THIS LOVE OF MINE · DREAM DANCING · I'LL NEVER SMILE AGAIN · OUT OF NOWHERE · I ONLY HAVE EYES FOR YOU · EMBRACEABLE YOU
STREET OF DREAMS · STARS FELL ON ALABAMA · I DON'T KNOW WHY (I JUST DO) · LAURA · MOONLIGHT IN VERMONT · SEPTEMBER SONG

Ray Anthony

Dream Dancing

Capitol T723 / ST723

1956

Photo : Ken Veeder

夜の公園で踊る盛装した男女。イヴニング・ドレスやカクテル・ドレスの女性の姿が美しく、ミッドナイト・ブルーの色調が素晴らしい
写真だ。フォトグラファーのケン・ヴィーダーはCapitolレコードの写真部門のトップを20年つとめたベテランで50 ～ 60年代に多くの作品
を残した。ビーチ・ボーイズのジャケも手がけているし、フランク・シナトラやディーン・マーチンなどのフォトセッションも残している。レイ・
アンソニーはグレン・ミラー楽団でトランペット奏者として頭角を現し、第二次世界大戦後に自身のバンドを編成した。いくつかの美女ジャ
ケとたくさんの佳作を残している。TVや映画での仕事も多く、女優のマミ・ヴァン・ドーレンと短い結婚もしている。それにしても夢のよう
なロマンティシズムに満ちた傑作ジャケット。

Joe Bushkin

Listen to The Quiet...

Capitol T 1165 / ST 1165

1959

ジョー・ブシュキンは1930年代からスウィング系ジャズやダンス・バンドのピアニストとして活動してきた。50年代に多くのアルバムを制作するが、ジャズからムード・ミュージックに移行。このアルバムも男性や女性のスキャット・コーラスが入って甘々のラウンジ・ミュージック。秀作である。ロマンティックこのうえないカバー写真は、名門Capitolの独自制作かと思いきや、じつはそうではないらしい。なんとフランスのレコードでも使われていた！

V. A.

Les Plus Belles Valses Viennoises

C 046-15840

本書に掲載したのはアメリカの「美女ジャケ」がほとんどだが、フランスのパテ・マルコーニ社のこのレコードを取り上げるのは、カバー写真がジョー・ブシュキンのアルバムと同じだからである。ブシュキン作品にはクレジット等の記載はないが、こちらには書かれている。詳細はわからなかったが、いわゆるライブラリー写真のようだ。「最も美しいウィーンのワルツ」ということで、タイトル・フォントはアール・ヌーヴォー書体。音楽はウィンナ・ワルツである。

The George Shearing Quintet With Voices
Night Mist
Capitol T 943
1957

Capitolレコードが推し進めたジョージ・シアリング作品のロマンティック路線は、1956年の『Velvet Carpet』（P.62掲載）で結晶し、赤い絨毯の世界を描いたが、翌年にリリースされたこちらは「夜霧」ということで青みがかった霧の世界である。どちらも夢の中のような世界。クラシック風のシアリングのラウンジ・ピアノにジャド・コンロン・クワイアの女声コーラスが入る。洗練の極み。1954年にバート・ハワードが作曲した名作「Fly Me to The Moon」が、原題の「In Other Words」のタイトルで収録されているが、まるでショパンの曲かのように弾くシアリングが素晴らしい。やはりスタンダードとして知られる「Long Ago and Far Away」は、メロディを左手、右手でオクターブのユニゾンで弾くシアリング奏法が見事にはまって美しい。

Ray Anthony and His Orchestra
Star Dancing
Capitol T831
1957

信じがたい夢のなかの世界のような『Plays for Dream Dancing』（P.46掲載）のリリースが1956年。本作はその翌年にリリースされ、さらに58年には『Dancing Over The Waves』という海岸で正装の男女が踊る素晴らしいカバー写真のアルバムがリリースされた。そう、50年代後半のレイ・アンソニーのカバー・デザインは、保守的なアメリカ社会の正調（良いか悪いかは別として）を保っている。その後、彼の作品からそういう世界は消失してしまう。「Smoke Gets in Your Eyes」、「Moonlight Dreams」（古謡「Greensleeves」）などよく知られた名曲が美しくアレンジされて涙ものだし、ベルヴェデーレスのコーラスが数曲入って、これまた正調の美を奏でている。

Les Baxter and His Orchestra

Tangos

Capitol T 1372

1951

1951年にリリースされたアルバムの1960年のリイシュー盤である。もともとのジャケットは優雅に踊る男女のイラストで、とくに女性はフープ状になったゴージャスなドレスを着ていたものが、こちらはシンプルな写真になってしまった。しかもステップの解説と合成されて、まるで教則本である。とはいえ、バクスターの編曲はさすがにセンスがあり、それなりに聴かせる。サブタイトルにあるアーサー・マレーは、社交ダンスのフランチャイズ・ダンス・スタジオで大成功を収めた人物で日本にもその名を冠した多くのダンス・スタジオがある。

Ray Anthony and His Orchestra

Fox Trots

Capitol M-11978

1951

レス・バクスターの『Tangos』同様、1951年にリリースされたアルバムの1960年のリイシュー盤である。こちらも男女のイラスト・ジャケだったものが、写真に変更。どちらもアーサー・マレー・フェイバリッツとサブタイトルの入ったシリーズなので、同じようなデザインになった。ダンス・ステップのフットプリントがジャケにデザインされているが、これはアーサー・マレー・スタジオが最初に制作して通信販売したもの。これでスタジオは大成功し、さらにフランチャイズ化により巨大なビジネスを展開していった。レイ・アンソニーは、ロマンティックな演奏も多いが、これはフォックストロットのリズムがテーマなので軽快、というかホーンのオーケストラがのりすぎてうるさい。

Paul Weston and His Orchestra

Music for A Rainy Night

CL 574

1954

Photo : Dirone Photography

「雨ジャケ」ものの傑作のひとつ。ポール・ウェストンはアメリカで"The Father of Mood Music"と形容されているほどのピアニスト、作曲家、編曲家で作品も数多い。1954年リリースのこのアルバムはおそらくウェストンの最初の美女ジャケである。カバー写真を担当したディロンの詳細は不明だが、Columbiaレコードで多くの仕事をし、ちょっと人工的で遠近のある不思議なカバー写真の秀作をいくつも残している。このアルバムにしてもガラスの雫と女性の頬あたりにピンがいき、男性の首に回した手はボケている。雨で曇ったガラスを拭いたところが女性の表情という設定だが、合成した写真だろう。「Fools Rush In」の優雅なアレンジなどは完璧である。

Ray Martin and His Piccadilly Strings

Rainy Night in London

Capitol T10017

1957

ウィーン音楽芸術アカデミーで学んだレイ・マーティンは、その後イギリスに渡り、第二次世界大戦中は情報部隊で活動した。戦後、自身のバンドを組んで成功する。マーティンは英語、フランス語、ドイツ語を繰り、ジャガーに乗ってレースに出場するほどだったという。このアルバムはロンドンで録音されたが、リリースされた1957年、マーティンはアメリカに本拠を移し、ハリウッド映画やブロードウェイ・ミュージカルの作曲・編曲などを精力的にこなしてゆく。カバー写真を解説するかのようにバックカバーには、ロンドンの雨や霧について書かれている。楽曲は雨をテーマにしたものなどあるが、あまりロンドンとは関係がない。

Norrie Paramor With The Floating Voice of Patricia Clark

In London...In Love Again

Capitol ST 2071

1964

雨のロンドン。しかも既視感のある。そう、レイ・マーティンの1957年の『Rainy Night in London』のカバー写真のアザー・カットだ。まったく同じ写真ではないが、モデルも服装もロケーションも同一。おそらくはCapitolレコードの制作部門が持っていた写真なのだろう。こちらは1964年のリリース。いささか古い写真をモダンにみせるためにカラーのブロックで構成し直している。これはこれでセンスの良いデザインだ。イギリス出身のノリー・パラマーは数多くのアルバムを制作したが、この『In London...In Love Again』は最も売れたアルバムといわれる。アルゼンチン生まれの歌手パトリシア・クラークの浮遊感溢れる高音ヴォイスをフィーチャーして幻想的。凡庸なものも多いパラマー作品のなかでも秀逸な一枚だ。

Gordon Jenkins and His Orchestra and Chorus

I Live Alone

Kapp KL-1361 / KS-3361

1964

カバー・デザインに「雨もの」というジャンルがあるわけではないし多くもないが、なるほど雨は絵になる、という見本がこのジャケット。ゴードン・ジェンキンスのアルバムは美女ジャケが多く、しかも彼の作曲した楽曲も良く（有名な「Goodbye」など）、どれを聴いてもハズレというものがない。このアルバムもコーラス付きの曲や女性ヴォーカルをフィーチャーしたりで、ムード・ミュージックの枠以上の世界を持っている。しかもロマンティックで美しい。DeccaレコードからKappレーベルに移ってリリースしたものだが、Kappレコードは1953年にニューヨークで創設されたレーベル。創設者デイヴ・カップは、Deccaレコード創設者のひとりジャック・カップの弟だから兄弟レーベルのようなものである。

The Gene Harris Trio

Genie in My Soul

Jubilee JGST 1115

1959

Photo：Charles Varon　Design：Sy Leichman

淡いブルーを背景に艶然と微笑む美女。バップ・テイストのピアノ・トリオ演奏も秀逸でジャズ・アルバムとして素晴らしい出来（と思う）。あのThe Three Sounds名義で数々のアルバムをヒットさせたハード・バップ・ピアニスト、ジーン・ハリス（と思う）。The Three Soundsのハリスは黒人だが、このピアノはどう聴いても白人っぽい（と思う）。英語版wikiのジーン・ハリス（黒人）のディスコグラフィには、このアルバムが明記されているが、このアルバムの裏ジャケの写真はどうみても白人だ。裏ジャケに書かれたバイオグラフィにはジュリアード音楽院、ボストン音楽院で学び作曲家であることも記されているが、これはどうみてもあの黒人のジーン・ハリスとは違う（と思う）。そう、wikiもその他の情報もかなり間違っている気配で、これは同名異人のジーン・ハリス・トリオによる優れた演奏なのだ。だとしたら音楽のデータベース・サイトDiscogsも間違っていたことになる。Discogsには「あのThe Three Soundsのジーン・ハリスとは違う」という読者の投稿もあるが。ジャズ史にもまだまだ謎はある。カバー・デザインを担当したシー・ライヒマン、フォトグラファーのチャールズ・バロンは、Jubileeレコードで優れたカバー・デザインをいくつも残している。

Henri René and His Orchestra

Music for The Weaker Sex

RCA Victor LPM-1583 / LSP-1583

1958

ジェーン・マンスフィールドのネグリジェ写真を使った『Music for Bachelors』が代表作のように流通しているアンリ・レネ。フランス風の綴りだがドイツ系のアメリカ人で出生名はハロルド・M・キルヒシュタインという。1920年代後半から30年代にかけてベルリンのレコード会社で働いていた。こちらは「Music for The Weaker Sex」という微妙に問題ありそうなタイトルだが、音楽的には素晴らしく良い。ジャッキー・グリーソンを筆頭とする「夜のための音楽」としてはまさに最良のアルバム。楽曲名がすべて男性の名というのもフェミニストからみたら噴飯ものかもしれない。

Henri René and His Orchestra

Music for Bachelors

RCA Victor LMP1046

1956

Photo : Barry Kramer

「独身者のための音楽」というストレートなタイトルに、当時のセックス・シンボル、ジェーン・マンスフィールドのネグリジェ写真が強烈なインパクトだ。いったい誰と電話しているのだろう？　1956年の保守的なアメリカでこれは物議を醸さなかったのか？　センセーショナルな作品かと思いきや、内容は58年の『Music for The Weaker Sex』と同様、素晴らしいナイト・ミュージック。アンリ・レネはジャッキー・グリーソンと肩を並べるほどの才能だ。ギターにバーニー・ケッセル、ピアノにバディ・コールが参加している。カバー写真を撮ったバリー・クレイマーは1950年代からアメリカのエンターテインメント界の人物を撮り続けた。ジェーン・マンスフィールドは有名になる前にクレイマーと出会い、クレイマーもキャリアの最初期にマンスフィールドを撮影した。

The Paul Smith Trio and Quartet

By The Fireside

Savoy MG 12094

1956

暖炉の前で太もも露わなネグリジェ姿でポーズをとる女性、というかなりセクシュアルなヴィジュアルだが、演奏しているのは良質なラウンジ・ジャズで定評のあるポール・スミス・トリオ。このアルバムの前年にリリースされた『Cool and Sparkling』も美女ジャケだったが、こちらのほうが数段、際どい。ポール・スミスの演奏スタイルは、本書で多数紹介しているジョージ・シアリングのピアノ・スタイルとよく似ていると思う。クラシカルなフレーズを用いるあたりまで似ている。レコーディング・エンジニアはブルーノート他の名門レーベルで膨大な量の素晴らしい録音を残したルディ・ヴァン・ゲルダーで、モダンでクリアな音だ。Savoyレコードは1942年にハーマン・ルビンスキーとオジー・カデーナが設立した。ルビンスキーは黒人アーティストに対する姿勢が酷かったことをのちに批判された経営者である。

Richard Hayman and His Orchestra

Serenade for Love

Mercury MG 20115

1956

Mercuryレコードの美女ジャケには、どこかしら際どさを感じさせるものがあるが、このカバー写真は相当にエロい。同じモデルでのアザー カット、モノトーン写真が他のアーティストのジャケに使い回されていたが、誰だったか。リチャード・ヘイマンはハーモニカ奏者だが、この アルバムでは彼のハーモニカが前面に出るのは数曲で、良質なムード・ミュージック作品となっている。ヘイマンの初期作品だが、のちのも のよりも完成度が高い気もする。ハーモニカはスペース・エイジ・ミュージック的であり、1956年制作のこの作品にすでにその感じは出てい て、これが50年代末の怒濤のエキゾ/スペース・エイジ・ブームへと繋がっていったのだと納得させられる。

De Los Rios

Kiss of Fire

Columbia CL 965

1957

Photo : Charles Varon

アルゼンチンのブエノスアイレスの音楽一家に生まれたワルド・デ・ロス・リオスは、国立音楽院で作曲と編曲を学んだ。1958年にアメリカに移住する前年に米コロンビアと契約してリリースしたのが本作。もともとクラシックと電子音楽との融合などを志していたこともあって、ムード・ミュージックとはいえ、斬新なアレンジが随所に施されている。アルゼンチン、チリ、パラグアイ、ペルーなどの楽曲を選び、オーケストラに南米の伝統楽器、アナタ（笛）、カジャ（パーカッション）、チャランゴ（弦楽器）などを配し、洗練されたダイナミックなアレンジで独自の世界を作っている。デ・ロス・リオスはその後、クラシックをポップにアレンジして多くのヒット・アルバムを制作するが1977年、42歳の若さで自殺してしまった。うつ病だったという。ジャケット以上に内容が素晴らしいが、インパクトのある「暖炉の前で横たわる美女」写真はJubileeレコードで多くの作品を残したチャールズ・バロンによるもの。

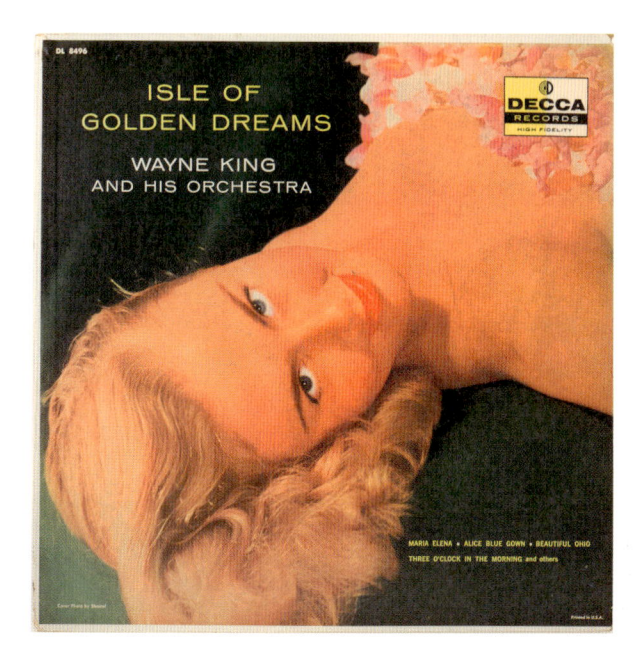

Wayne King and His Orchestra

Isle of Golden Dreams

Decca DL 8496

1957

Photo : Shostal

カバー写真の美女がどことなく南洋風を思わせるように、"ワルツ王"といわれたウェイン・キングが「Honolulu Eyes」などというスティール・ギターが入った南洋風楽曲をやっている。1957年のリリースで当時のエキゾ・ブーム到来を見込んでのことかははっきりしないが、おそらく「時代の気分」としてエキゾチカ的アプローチをしたのだろう。前年の旧録を集めたRCA Camdenのアルバムと違って、全曲、新録であり時代の気分が音作りに反映されている。キング楽団の演奏は相変わらず甘く優雅で、ワルツ主体だが50年代後半らしいムード・ミュージックになっている。カバー写真のクレジットにあるShostalの詳細は不明だが、当時のフォト・エージェンシーにShostalというのがあったようで、そこから手配した写真かもしれない。Deccaレコードは、あろうことか、このあとステレオ盤をリリースしたときに写真を上下逆さまに変更してしまった。ただ、そう不自然にもみえないところが面白い。

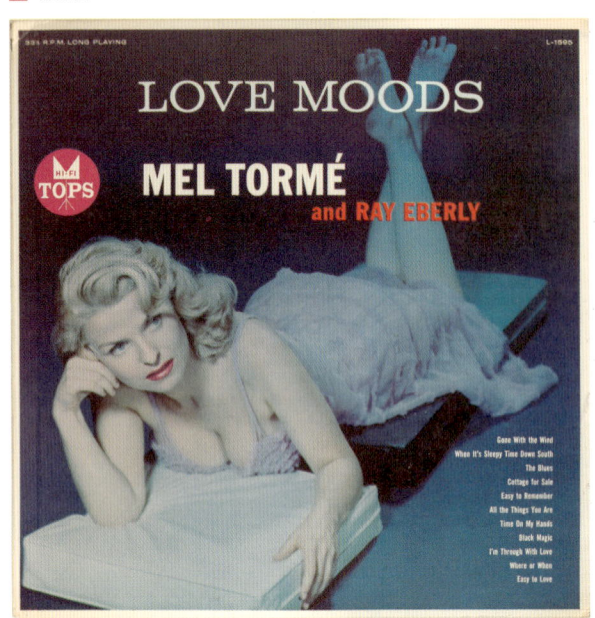

Mel Tormé and Ray Eberly

Love Moods

Tops L-1595

1957

ひと昔前は、ジャズ・ヴォーカルといえばメル・トーメの名が筆頭に上がったくらいで、その甘い声質も際立っていた。ロシア系ユダヤ人のトーメは1940年代からソロ歌手として活動、50年代以降、多数のアルバムをリリースするが、本作はA面はメル・トーメ、B面はレイ・エバリーという変則的なもの。エバリーはグレン・ミラー楽団で活躍した甘いトーンのスイング歌手だが、トーメのほうがよりモダンでジャジーに聞こえるあたりが人気の差となり、表記での名前の大きさの違いとなったのかもしれない。Topsレコードは雑貨店やドラッグストアにレコードを卸していた小さなレーベルで、この作品の裏ジャケの解説でもふたりをカップリングしたお買い得さを冒頭に書いているくらいだ。そのわりには凝ったカバー写真やデザインの詳細は不明。

John Mehegan

How I Play Jazz Piano

Savoy MG 12076

1956

ピアノの上で寝そべる女性が妖しい美女ジャケだが、内容はじつに硬派なジャズ・ピアノの奏法について。ピアノ・ソロをとっているジョン・ミーガンはジュリアード音楽院に学び、のちには同校で教鞭をとったジャズ評論家である。名門Savoyレコードだからガラクタに手を出しているわけではないし、レコーディング・エンジニアはヴァン・ゲルダーだ。裏ジャケにはびっしりとコードと譜面が書かれたりしている。たとえばA面1曲目で演奏されるスタンダード曲「Yesterdays」がいかにバッハ的な階調の曲かがミーガンの演奏によって証されたりする。ジャズ演奏家なら興味深く聴ける内容かもしれない。ジョン・ミーガンはエディ・コスタとの共演盤が多少は知られた作品だろう。エディ・コスタは筆者にとって最良のピアニスト、ヴィブラフォン奏者である。

The Three Suns

Slumbertime

RCA Victor LPM-1219

1956

Photo : Michell Bliss

ギター、アコーディオン、ハモンド・オルガンという変態的な楽器構成ながらスリー・サンズはSP時代からLPまでかなりのアルバムをリリースし続けた。1944年のシングル「Twilight Time」は400万枚売れたというから、かなりの大ヒットである。最初のLP作品『Soft and Sweet』のネグリジェ・ジャケのヒットに支えられてか、翌年の56年にリリースされた本作もネグリジェ・ジャケである。ソファに美女が横たわる『Soft and Sweet』（P.60掲載）のほうが写真のトーンも絵画的で優れているが、そちらはクレジットはない。こちらの『Slumbertime』にはミシェル・ブリスというフォトグラファーのクレジットがあるが、詳細は不明だった。スリー・サンズの名は、バンドの兄弟の母親が3人をみて「My three sons」と言ったことから太陽に置き換えてThe Three Sunsとしたという。

Al Goodman and His Orchestra

Relax With Victor Herbert

RCA Victor LPM-1023

1954

カバー写真の女性の表情がエロいし、ネグリジェの胸元は相当に際どいが音楽のほうは保守的と言っていいほど、まっとうなムード・ミュージック。タイトルにあるヴィクター・ハーバートはアメリカの有名なオペレッタ、ミュージカルの作曲家で、ミュージカルが「ライト・オペレッタ」と呼ばれていた時代から活躍した人物だ。本作に収められている楽曲はすべてハーバートの作曲によるもの。有名な「Kiss Me Again」はハーバートのオペレッタ作品をワーナー・ブラザーズが映画化したものだ。この映画は「プレコード・ハリウッド」と呼ばれる検閲の厳格化前の作品で、のちにカットされたりの経緯もある。そのハーバート作品を取り上げたアル・グッドマン楽団の演奏は、弦楽器主体でひたすらロマンティックである。

Irv Orton Orchestra

Alone With You

Liberty LRP 3069 / LST 7016

1958

Photo : Garrett-Howard

素晴らしいカバー写真はギャレット＆ハワードによるもの。淡いエメラルド・グリーンの色調、着彩されたと思しきブロンド、完璧な美女に完璧なポーズ。1958年制作のアルバムだが、60年代にはこうした美学は消え去ってしまう。音楽のほうもストリングス中心で限りなく甘くロマンティックだ。同じ年にCapitolレコードからリリースされたポール・ウェストンの『Music for Memories』（次ページ掲載）がほぼ同じポーズでウェストンのほうは色調がピンク。相似的ポーズというものが世にあると思うが、まさにこれは女性らしさの典型的ポーズだろう。アーヴ・オートンが残したアルバムはこれひとつだが、傑作ジャケットとなった。最初にこのアルバムをレコ屋で見つけたときは高くて買えなかった。それでもずっと思い続けたらレコ屋でセール商品として出た。もう数十年も前のことだが、あのときの記憶はいまだに鮮明に残っている。

Paul Weston

Music for Memories

Capitol T 1222 / ST 1222

1958

ジェローム・カーンの楽曲「All The Things
You Are」マニアになって、誰の演奏でもこの
曲が収録されたものを集めていた時期に最初に
買ったポール・ウェストンのアルバムがこの作品
だった。ジャケも素晴らしいと思い、それまで聴
きもしなかったムード・ミュージックにのめり込
んでゆくきっかけになった一枚である。Capitol
レコードの美女ジャケの多くがそうであるように
残念ながらフォト・クレジットはないが、写真の
色彩、ソフトなタッチには感服した。ポール・ウェ
ストンがColumbiaレコードから古巣のCapitol
に戻っての作品で、美女ジャケといえるのは本書
で紹介している三作品だけだが、そのどれも写
真がなんともいえないクラシックな面持ちだ。

Mantovani and His Orchestra

Candlelight

London LL 1502

1956

マントバーニはヴェネチア生まれで、父ビスマ
ルクはヴァイオリニスト、ミラノ・スカラ座の
コンサート・マスターでもあった。1914年に
イタリアからイギリスに移住した一家だが、戦
後、軽音楽の道に進んだマントバーニは1951年
に「Charmaine」というライト・クラシックの大
ヒットを飛ばす。正直、こういう音楽に大きな需
要があった時代をいま想起するのは難しい。以
降、マントバーニは怒涛の如くアルバムをリリー
スし、7枚のアルバムがミリオンセラーとなって、
彼はムード・ミュージックの帝王と呼ばれるよう
になった。このアルバムのカバー写真が示すよう
に豪華なキャンドルライト、シルクのドレス金髪
の美女、それらは50年代の夢と羨望の象徴であ
り、マントバーニの音楽はこうした"グレイシャ
ス・ライフ"を夢見させるものでもあった。サバー
ビアの夢である。

The Three Suns

Soft and Sweet

RCA Victor LPM-1041

1955

スリー・サンズは楽器構成からして昼間の音楽というイメージだが、ネグリジェ・ジャケもいくつかある。これを凡百なムード・ミュージックと思って聴くとまったく予想外で驚かされる。1960年代にこういう音楽は十分にあったが、1955年には彼らはまったく斬新だった。ギターのアル・ネヴィンスとアコーディオンのモーティ・ネヴィンスの兄弟、それに従兄弟のハモンド・オルガン奏者、アーティ・ダンが加わった3人編成は、その楽器構成の妙からも斬新だった。50年代末以降の、いまで言われるところのスペース・エイジ・ミュージック的な楽器構成であり、B1の「Stars Fell on Alabama」などは、浮遊感たっぷりだ。LP盤から4曲をピックアップした7インチシングルの日本盤も同じジャケットでリリースされたが、この写真は50年代当時、まずなかったのだろうか？　それにしても犬に触る指の仕草がちょっとエロいと思う。唇の赤は製版上での後付けである。

Stanley Black and His Orchestra

Music of Lecuona

London MPL 1004

スタンリー・ブラックはポーランド系の父、ルーマニア系ユダヤ人の母のもとロンドンに生まれた。ロンドンのDeccaレコード、Londonレコードで数々の作品を残したが、この10インチ・アルバムは日本独自仕様。オリジナルの12インチ・アルバムの写真は使われず、なぜかこのネグリジェ写真となったが、いまでは海外でも稀少盤である。キューバのエルネスト・レクオーナの作品だけを演奏したこの企画は1930年代から50年代まで、英国が植民地支配を継続しながらも、つねに異郷／南洋への憧れを抱いてきたことを再認識させる。ロンドンではキューバのような青空は願えないのだ。

Norrie Paramor and His Orchestra

I Love

Essex ESLP-102

この10インチ・アルバムは1951年にペンシルベニア州で設立された弱小レーベル、Essexレコードよりリリースされたが、Essex唯一のヒット作はノリー・パラマーによる本作と同じ『I Love』とタイトルが付けられた英国のトランペッター＆指揮者、エディ・カルヴァートの作品。どちらも女性が横たわったセクシーなジャケットである。パラマーもカルヴァートも英Deccaと契約していて、Essexを設立したデヴィッド・L・ミラーはDeccaから原盤権を取得したものの、契約料を払わずにのちに裁判で負けている。カバー写真は良いが、パラマーらしくあまり面白みのない作品である。

Red Nichols and Augmented Pennies

In Love With Red

Capitol T999

1956

コルネット奏者としてのレッド・ニコルズの名を憶えていなくとも、ダニー・ケイがニコルズ役を演じた映画『5つの銅貨』（59）は、知っている人もいるかもしれない。ニコルズのカムバックまでの半生をドラマチックに映画化したもので、ハリウッド古典ともなっている作品だ。ニコルズは1905年生まれで1920年代から30年代にかけて活躍した。1956年リリースのこの『In Love With Red』は、彼のアルバム作品のなかでも唯一の美女ジャケもの。ニコルズ作品がモンド・ミュージック的な評価をされたことは聞いたことがないが、この作品はジャズというよりも十分にモンド・ミュージック的で少しヘンだ。女性コーラスの入り方などムーディというよりも意表を突く、といった感じ。ヌーディなモデルもエロジャケにならない程度で止めているのは、さすがにCapitolレコードの気品である。

The George Shearing Quintet With String Choir

Velvet Carpet

Capitol T720

1956

ジャズ・ピアニストのジョージ・シアリング
の転換点ともなった初のストリングス入り作
品。「Autumn Leaves」や「Dancing on The
Ceiling」の美しさは言葉にしがたい。シアリン
グのピアノはショパンやドビュッシーやバッハか
らいただいた旋律が絶妙に織り込まれていて、
そこがなんとも心地良いのだ。Capitolレコード
制作部によるジャケットも、この作品からモデ
ルを使った「美女ジャケ」に移行し、シアリン
グのジャズ的な部分はイージーリスニング的にソ
フィスティケートされてゆく。赤のヴェルヴェッ
トの布の上にゴールドのドレスを着て横たわる美
女。頭上のシャンデリアは別に撮って合成したも
のだ。このあたりの絶妙な手腕がCapitolであり、
バジェット・レーベルでは真似のできなかった領
域である。

The George Shearing Quintet and Orchestra

White Satin

Capitol T1334 / ST1334

1960

「White Satin」のタイトルから『Black Satin』
（次ページ掲載）との連作のようにイメージする
が、こちらは1960年のリリースだからブラック
から3年を経てのものである。ところがジョー
ジ・シアリングの演奏は盤石でまったく変わり
がない。悪く言えばマンネリなのだが、そこに
市場があったからそうしていただけだろう。アレ
ンジやバックのオーケストラは「ブラック」と同
じビリー・メイだから似て当然なのだが、シアリ
ングの長いキャリアのなかでもこのあたりが最高
の出来だったように思う。名曲「Laura」の出だ
しが、この曲のメロディとは関係のないクラシカ
ルなフレーズで始まるあたり、そのセンスに感心
する。ジェーン・モーガンやジュリー・ロンドン
が素晴らしい録音を残している「An Affair to
Remember」でのクラシックそのもののような
フレーズも泣けるほど美しい。

The George Shearing Quintet and Orchestra

Black Satin

Capitol T858 / ST858

1957

1957年のジョージ・シアリングのこの録音は、彼の作品のなかでも白眉だろう。MGM時代のジャジーな演奏と、得意のラウンジ・テイストを融合させ、ビリー・メイのアレンジと彼のストリングス・バンドをバックにもうラウンジの極みに達している。曲によってはラテン・パーカッションを配しているが、どの楽器、どの音も控えめなところがラウンジ・ミュージックの肝を押さえている。Capitol制作部によるカバー写真も例によってバックを落としていくあたりが見事だ。

The Modern Jazz Stars

Jazz Surprise!

Crown Records CLP 5008

1957

Photo : Todd Walke

昔、ジャズ本で大物ミュージシャンによる覆面グループとして取り上げていて気になっていたら案外、安くレコ屋でみつけて購入した。いまではソニー・クリスやデクスター・ゴードンらが参加したと面が割れているようだ。裏ジャケには「?」マークを入れて大物ミュージシャンを列記しているが、了解を得たのだろうか？　というとたぶん得ていない。Crownレコードはバジェット・レーベルとして悪名高く、インナースリーブもなくそのままレコードを入れていたからジャケの底割れも激しかったという。親レーベルの安直再発も多かった。とはいえ、このアルバムにはひとつ気の利いたところがある。一曲、女性ヴォーカルが入っているのだが、裏ジャケではこの歌手を「アニタ・オデイ？　それともアリス・B・トクラス？」と書いている。後者は作家ガートルード・スタインの『アリス・B・トクラスの自伝』から取ったもの。スタインが投影された架空の人物である。

Gerard Blené

A Moment of Desire

Jubilee JLP 1032

1957

美女ジャケにも当然、一流、二流がある。このジャケはモデルも写真も手描きの煉瓦模様のセットもどうにも二流だと思う。何度か手放そうと思ったが聴くと良い。ストリングスだけの甘い音楽は、かなりジャケのイメージと違う。しかも赤盤なのだ。昔の日本のレコードでは珍しくもない赤盤は海外ではそう多くない。Jubilleレコードはどこか二流っぽさがあるが（質の良い作品はたくさんある）、こんなところでレコード好きの心をくすぐる。裏ジャケにはファースト・クラスで旅行したことがあるなら知っているだろう、と世界の観光地を並べて、そこにいたらこんな美しい音楽を聴きたくなるはずだと書いている。1957年はジェット・セッターの始まりの年だから、こういう解説がリスナーの憧れを喚起したのだ。ちなみに「A Moment of Desire」は「枯葉」とそっくりの曲である。

Jackie Gleason

The Torch With The Blue Flame

Capitol W961 / SW961

1958

Photo : Peter Fink

『Music for The Love Hours』（P.110掲載）の翌年にリリースされたのが、この作品。ネグリジェのエロティシズムは終わったが、トーチの青い炎で照らされた物憂げな世界が広がる。手紙の束と、片手で揉みくしゃに握りしめる美女は、なんらかの恋の炎の犠牲者なのだろう。ドレスからソファまでブルーのコーディネイトが素晴らしく、さらにフォントはブルーに、炎と女性の赤毛や肌を連想させるオレンジを配して完璧なアートディレクション。撮影したピーター・フィンクはこの時期、ジャズ・アルバムでいくつかの素晴らしい写真を残している。

Oscar Peterson

Pastel Moods

Verve MG V-2004

1952

Photo : Alex De Paola

アート・ディレクションとはこういうものだ、という見本のようなジャケット。写真はジャズ・レコードに多くの足跡を残したフォトグラファー、アレックス・デ・パオラ。手前をボカして横たわる美女、しかも色彩のトーンがなんともいえず、これは50年代の独特の世界であり60年代的モダニズムとともに消失してしまったロマンティックな「曖昧さ」だと思う。リリースは1956年だが録音は52～54年にかけてのもの。オスカー・ピーターソンがベースのレイ・ブラウン、ギターのアーヴィング・アシュレーを率いてじつにロマンティックな音色のトリオ演奏をしている。ピアノ・トリオといえばいまはピアノ、ベース、ドラムが基本になっているが、その手前の時代はピアノ、ベース、ギターというのが多かった。その見本でもある。

The George Shearing Quintet With String Choir

Satin Affair

Capitol T 1628 / ST 1628

1962

Capitolレコードでのジョージ・シアリング作品のタイトルは迷宮みたいなものだ。『Velvet Carpet』から始まり、『Black Satin』、『Latin Lace』、『Blue Chiffon』、『Satin Latin』、『White Satin』、そして1962年リリースのこの『Satin Affair』、同年の『Soft and Silky』へと続いてゆく。ジョージ・シアリングとは生地屋かなにかなのか？ Capitolはそれらを洗練された美女の写真と美しいデザインで飾って、セールスとしては万全だ。ただし、シアリングの演奏は限りなく似てゆく。サテンとシフォンの違いなど聴く側にはわからない、ということだ。でも、ストリングスが入ってともかく甘く心地良い。これは上質の生地に似た麻薬なのである。

The George Shearing Quintet With String Choir

Touch Me Softly

Capitol T 1874 / ST 1874

1963

Photo：Ed Thrasher

1950年代の美女ジャケの世界観（白人美女とその背後の豊かな生活）を象徴するようなジョージ・シアリングのジャケットも60年代に入ると微妙に変化してゆく。まずモデルが古典的な美女ではなく、よりモダンな行動的顔立ちとなるが、この「Touch Me Softly」などまさに60年代に流行っていく顔だろう。もっと美人でないモデルのジャケもどんどん出てくるが、それらは美女ジャケとは思わないので購入したことはない。そうでなくとも60年代前半のシアリング作品の大半は同工異曲なのだ。裏ジャケのライナーノートにヴェルヴェットやサテンのストリング付き作品がいかに売れたかが書かれているが、ようするにそれは「ペントハウス・ミュージック」、豊かな人たちがペントハウスでカクテルでも飲みながら聴く洒脱な音楽なのである。

Ronnie Deauville

Smoke Dreams

Era EL 20002

1956

Photo, Design：Phill Howard Visual Advertising

ロニー・ドーヴィルはフランス風の名前だが、じつはフランスのリゾート地「Deauville」から取っただけのもの。フランク・シナトラに憧れたロニー少年は第二次世界大戦後、グレン・グレイのバンドで歌っていたときにパラマント映画のタレント・スカウトで発掘される。ロサンジェルスの〈モカンボ〉や、パーム・スプリングスの〈エル・ミラドール〉といった高級ナイトクラブに出演し順調にいくかに見えた1956年、彼は交通事故に遭い、さらにはポリオに感染してしまう。身体の麻痺状態からまたカムバックしてゆくのだが、その事故の前に録音されたのがこのアルバム。蕩けるように甘く柔らかいドーヴィルの声は、まさにカバー写真の如くだ。写真撮影も文字加工も凝ったデザインを担当したのはフィル・ハワードという広告会社。ロゴマークがスペース・エイジ風なEraレコードは1955年にロサンジェルスで創設された小レーベルである。

Bobby Dukoff His Tenor Sax and Orchestra

Sax in Silk

RCA Victor LPM-1040

1956

横になったテナー・サックスに寄り添うように寝そべる美女。素晴らしいカバーだが、音のほうもきちんとジャズしている。ボビー・デュコフのテナーに女声、男声コーラスが重なって、曲によっては甘美に、あるいはジャジーに、ポップにとじつに楽しめる内容になっている。それもあって1956年にリリースされたこのアルバムは、大ヒット作となった。余勢をかってかどうかはっきりしないが、同じ年に制作されたのが続編ともいえる『Sax in Satin』である。カバー写真やデザインについては不明だが、ナイトガウン姿で寝そべる美女にテナー・サックスの大きな写真、「Sax」の文字は当然「Sex」を連想させる。サキソフォンと女性モデルと布という三つの要素を別々に撮ってうまく重ねているところは秀逸だ。

Bobby Dukoff and His Orchestra

Sax in Satin

RCA Victor LPM-1167

1956

『Sax in Silk』の大ヒットのあとに発売されたこのアルバムは、音楽的にはほとんど前作と同じことをやっている。コーラスはレイ・チャールズ・コーラスからデュコフ編成のコーラスに変わった。ムード・ミュージックでありながら、イージーに流れず、しっかりジャズしているという点でこの二作は、佳作といえる。ホーンから立ちのぼる美女というカバー写真も良い。デュコフはテナーの音を深く探求し、自身でマウスピースを製作し始めて、それがサックス・プレーヤーの間でも評判になる。RCA Victorでレコーディング・ディレクターをしながらマイアミに音楽スタジオを設立。プレーヤー以外の活動領域を広げるなかでマウスピース製造会社を作って成功し、いまでは「ボビー・デュコフ」の名は、サックス・プレーヤーとしてよりもマウスピースのブランド名としてのほうが有名になってしまった。

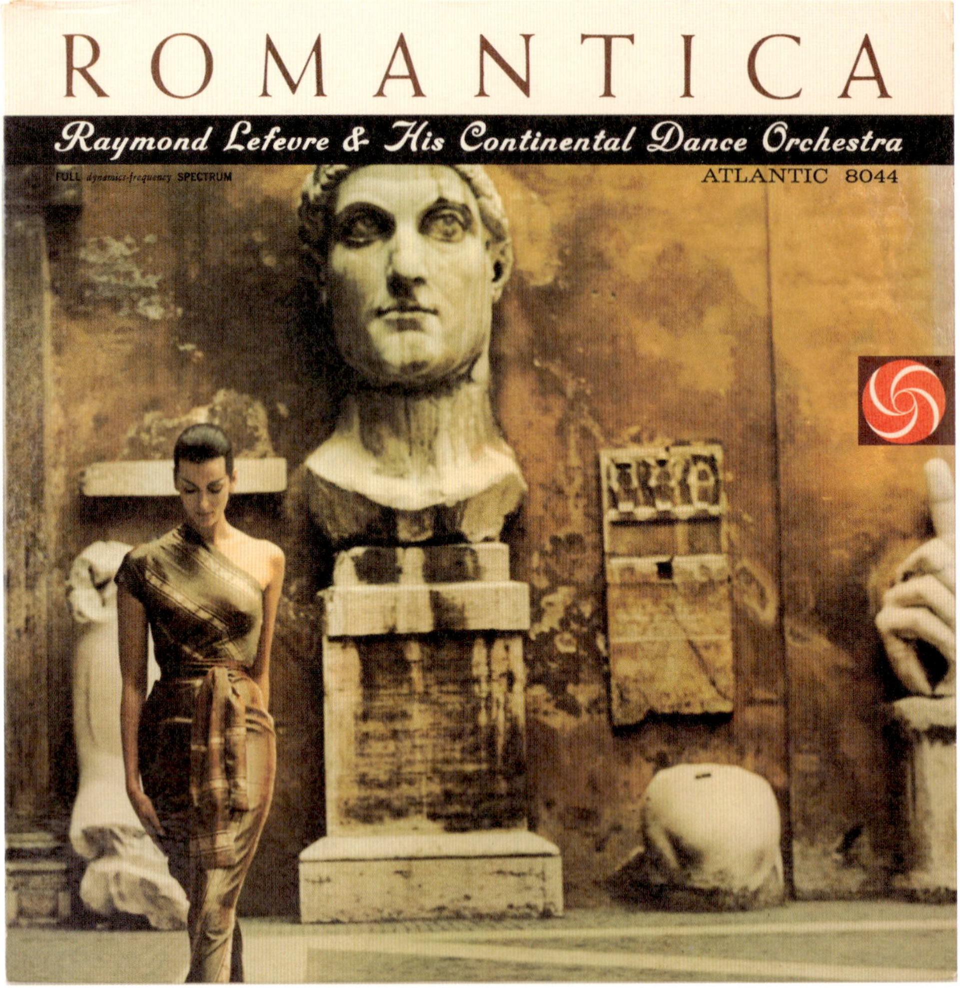

Raymond Lefevre & His Continental Dance Orchestra

Romantica

Atlantic 8044

1961

Photo : Richard Heimann　Model : Carmen Dell'Orefice

レイモン・ルフェーブルは1960年代後半以降のイージーリスニング黄金期に日本でもポール・モーリア、フランク・プゥルセル、カラベリなどとともに大人気で来日回数も多いが、キャリアの初期のこの作品はほとんど知られていない。カバーにSTEREOの文字が入らないモノラル盤はさらに稀少だ。音のほうはのちのルフェーブル楽団を想起させる洗練されたもの。その分、毒気もないが。カバー写真を撮ったリチャード・ヘイマンは、80歳代まで現役ファッション・モデルであり続けたカルメン・デロリフィチェと1959年に結婚している。クレジットはないが、このカバー写真のモデルは当時30歳のデロリフィチェで間違いないと思う。金髪が有名な彼女だが、このアルバム制作の1961年は元の黒髪にしていた。

V. A.

Jerome Kern's Roberta

Columbia CL 841

1956

Photo : Erwin Blumenfeld

Model : Victoria Von Hagen

強烈にモダンなカバー写真は、ファッション写真にシュルレアリスム美学を用いたことで有名なアーウィン・ブルーメンフェルド。1952年に撮影された写真で、モデルは当時最高峰だったヴィクトリア・フォン・ハーゲン。ムード・ミュージックのアルバムでこれほどの写真が使われることは滅多にない。タイトルにあるようにジェローム・カーン作曲のミュージカル「ロバータ」の楽曲が収められている。ジョーン・ロバーツはブロードウェイで名を売った歌手だ。アレンジも含め、ブロードウェイの舞台そのままという感じだが、このアルバム・リリース時の1956年にブロードウェイで1933年初演のヒット作が再演されていたのかはわからなかった。

Al Goodman and His Orchestra

Jerome Kern's Roberta

Camden CAL 464

1958

Photo : Murray Laden

エッフェル塔をバックにポーズを取る男女。ドレスの色に合わせた「Roberta」のタイトル文字。じつに素晴らしいジャケットは、ジェローム・カーン作曲のミュージカル「ロバータ」をテーマにしており、「ロバータ」はパリの洋装店〈ロバータ〉を舞台にした恋愛模様だからだ。1935年にはフレッド・アステアとジンジャー・ロジャースのコンビで映画化されてもいる。ジェローム・カーンはミュージカル楽曲の名手だが、この「ロバータ」からだけでも「Yesterdays」、「Smoke Gets in Your Eyes（煙が目にしみる）」など日本でよく知られた曲が生み出されている。

Richard Hayman and His Orchestra

Come With Me to Far Away Places

Mercury MG 20129

1956

壁一面に貼られた航空会社のポスター。中央の女性の組まれた脚にまず目が行き、エアライン・マニアなら女性が座るトランク類のモダンな美しさとポスターが気になってくる。1950年代後半に流行った「音楽で世界旅行をする」というコンセプトのアルバムだ。リチャード・ヘイマンはハーモニカ奏者。50年代はハーモニカ奏者が一線に出て楽団まで指揮するなんてのが多々あった。いまでは信じられないことだろう。ヘイマンは流行に乗って「Habana in Hi-Fi」とかエキゾもの、ジプシーものなど、いろいろなジャンルのアルバムを制作したが、この作品はジャケは素晴らしいが音のほうはいささか凡庸だ。

Xavier Cugat and His Orchestra

Waltzes- But by Cugat!

Columbia CL 1143 / CS 8059

1957

Photo : Hal Reiff

ラテン音楽の王！　ザヴィア・クガートである。王かどうかは別として北米で最も成功したラテン音楽楽団というのは間違いないだろう。そのラテンのクガートが趣向を変えてワルツである。クガートのラテンを知っていれば「毛色が違う」と楽しめるが、知らなければただのワルツのムード・ミュージックにすぎない。B面はラテン全開に変化してゆくが、それよりもカバー写真である。センスの良いジャケット作品が多いクガートだが、これはリチャード・ヘイマン作品の壁とそっくりではないか！　レーベルが違うし、セットも違うが雰囲気はそっくり。ようするに1956〜57年頃はジェット・セッターの幕開け時期で、旅客機で旅することが（無理としても）大衆の夢として訴求力を持ち始めたということだ。妻のアビ・レーンはクガートが鼻の下を伸ばしたこのカバー写真に嫉妬しなかったのだろうか？

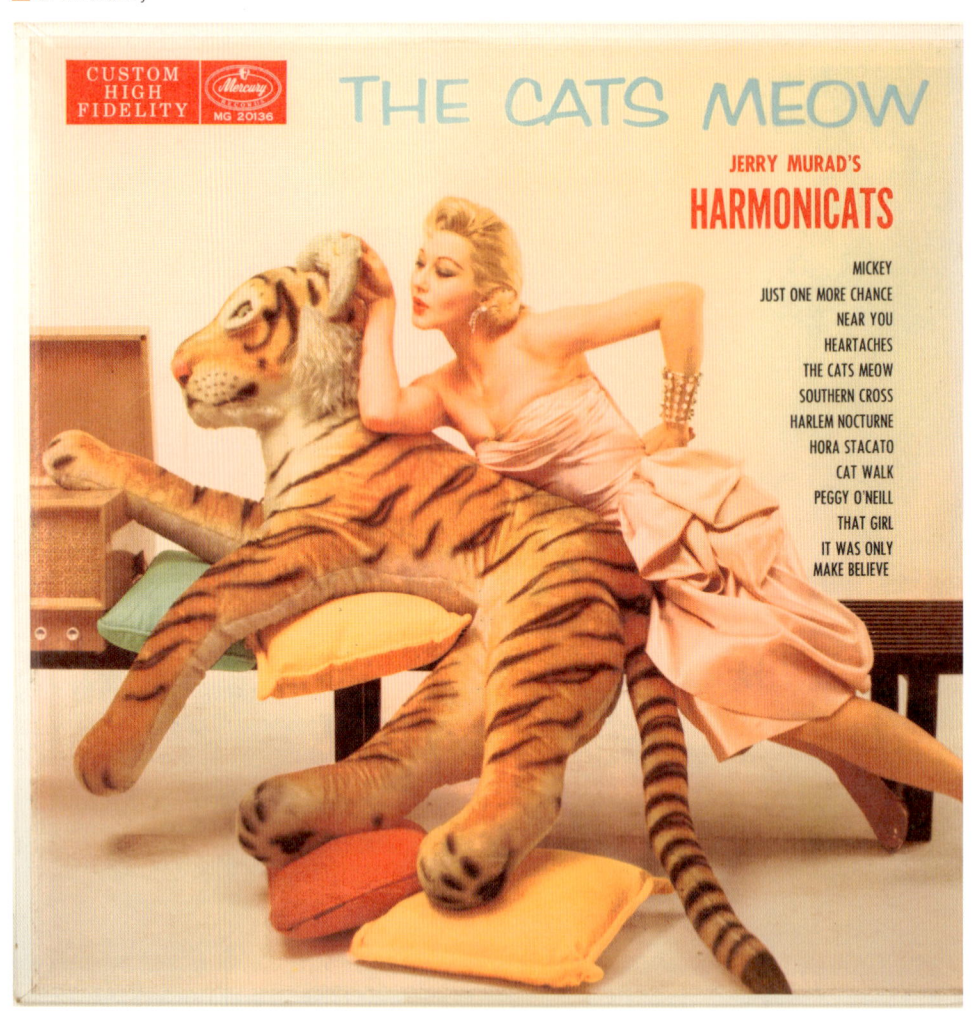

Jerry Murad's Harmonicats

The Cats Meow

Mercury MG20136

1956

ハーモニカ奏者4人（のちにトリオに）のグループという異色さにもかかわらず、1947年のデビュー・シングル「Peg O'My Heart」が全米で100万枚売り上げるヒットでメジャーになったハーモニキャッツ。スティール・ギターをバックにしたサウンドは"スペース・エイジ・バチュラー・パッド・ミュージック"のハシリと言ってもいいかもしれない。リーダーのジェリー・ムラドはイスタンブール生まれのアルメニア人だから、すでにエキゾチシズムは織り込まれていた。写真もタイトル・フォントも絶妙なこのアルバムは、1993年に刊行され、モンド・ミュージックの概念を世に広めた『Re/Search』誌の特集号「Incredibly Strange Music」の表紙にも使われている。1958年にハーモニキャッツがTV出演したときの映像が残されているが、そのときの女性司会者がこのカバーのモデルに起用されたと思われる。

Harry Breuer and His Quintet

Mallet Mischief Vol. 2

Audio Fidelity AFSD 5882

1958

『Re/Search』誌、「Incredibly Strange Music」特集号の表紙で最も大きくフィーチャーされていたのがこのアルバム。マレット奏者のハリー・ブリュアが音にこだわり抜いたことで、まさにストレンジ・ミュージックの金字塔のようなクリエイティヴな作品になっている。このアルバム・リリースの前年、57年にリリース元のAudio Fidelityレコードが、業界スタンダードだったモノラルではなくステレオ盤レコードを大量にリリースし始めたが、このアルバムもさまざまな音を組み合わせていく手法でステレオ用の音楽を作ったといわれる。おもちゃ箱がひっくり返るような楽しさで、それは60年代半ば以降の王道のイージーリスニング音楽に決定的に欠けてしまったものだ。ジャケットは変則的なWジャケで豪華。モデル女性のワンピースのスリットからシュミーズがのぞいているというのはリアリティがある。このアザーカットがあって、のちにカセットテープでのリリースに使われたが、シュミーズは見えない写真でハリーの表情もエロくなく、より洗練された雰囲気になっている。

Pedro Garcia and His Del Prado Orchestra

Tropical Cruise

Audio Fidelity AFLP 1841

1957

Photo : Bob Witt

カバー写真の人工性におもわず引き込まれる。スタジオ撮影での嘘のような蒼い空はバック紙に描かれたものだ。クルーズ船のデッキでくつろぐ美女の赤いストライプの水着、フレンチ風カントリー・スタイルの男性へのライティング。どれもこれも自然ではなく人工的。撮影したボブ・ウィットは、Audio Fidelityレコードで数多くジャケット撮影をしたが、どれも独特のテイストで唸らせる。マレット奏者のハリー・ブリュアのモンド名作や、パット・モーランのピアノに脚写真カバーなど本書でも紹介しているが、ボブ・ウィット作品である。どちらもセット主義で人工的だ。彼が撮影したカバーは確認できるだけで40枚弱あるが、そのどれもが彼以外にはあり得ないクリアな色調を持っていて、その作家性に驚かされる。

Pedro Garcia and His Del Prado Orchestra

A Tropical Affair

Audio Fidelity AFLP 1842

1957

Photo : Bob Witt

ペドロ・ガルシアはAudio Fidelityレコードで5枚のアルバムを残した。すべてボブ・ウィットの撮影で、本作はカバー写真の傑作『Tropical Cruise』の次にリリースされたもの。クリアなテイストの写真は前作同様だ。この前に『Cha Cha Cha Vol.3』と『Tango』という作品がリリースされているが、この2枚のスタジオ撮影はセット主義が極まってマニエリスティックな異様さを持っていた。ジャケの惹きの強いガルシア作品だが、やっているのは50年代後半以降のザヴィア・クガート的なアメリカナイズされたラテン。どのアルバムにも必ずスペイン語楽曲が1曲は入っていて、この時期の北米でのラテン熱を感じさせるが、全体としてはダンサブルにコマーシャライズされている。まあ、このジャケットなら不満は言うまい。

Buddy Cole

Powerhouse!

Warner Bros. W1310 / W1310

1959

バディ・コールがスウィンギンすぎるハモンド・オルガンを弾きまくってまさにパワーハウスな一枚だ。ただし、うるさい。50年代後半から70年代前半くらいまで続く、オルガン・ブームの心理は一考に値するだろう。単純に言うならシンセサイザーの発明が、オルガンを古びさせてしまったと思うが、その手前まではクラシカルなピアノに対して、オルガンはモダニズムの象徴的存在でもあった。このアルバムのジャケットがそれを表している。楽器がピアノだったら、ジャケにこのフォントはあり得ないだろう。バディ・コールは他にも美女ジャケがいくつもあるが、総じてリリース元のWarner Bros.レコードはセンスが良くない。

Mantovani and His Orchestra

Romantic Melodies

London LL 979

1954

洋書ではムード・ミュージックのジャケット本がいくつか出ているが、マントバーニのこの作品を1ページ1点の大きさで扱ったのは『Exotiquarium』という本だけだ。美女ジャケを収集していた時期に出版されたこの本には大きな影響を受けた。掲載されていたのはかなり傷んだジャケットのものだったので、都内の小さなレコード店で状態の良いモノを破格値で見つけたときにはひどく興奮したものだ。マスカレード（仮面舞踏会）をデザイン・テーマにしたジャケットで、女性の顔に色乗せしたマスクがキッチュだ。左上には小さくアルルカンが描かれているし、手前でランダムに交差するラインはアルルカンの装束の菱形模様からイメージを得たものだ。しかも製版はスミ（黒）とマゼンタとグリーンの3色。経費を抑えて素晴らしい効果を出している。保守的だった50年代は意外とこういう異質とも思えるカバー・デザインを生んでいる。

Mantovani and His Orchestra

Lonely Ballerina

London LL 1259

1956

モイラ・シアラー主演の映画『赤い靴』（48）の
ワンシーンでもあるかのようなジャケットが目を
惹く。舞台ではなく楽屋裏でプレゼントされた花
を手に取ったところ、というのが良い。ライティ
ングにも色にもこだわっていて50年代のカバー
写真でのセットでの凝りようがうかがえる。マン
トバーニ楽団の滝が流れ落ちるような効果を持
つストリングス・アレンジはカスケーディング・ス
トリングスと呼ばれた。B面3曲目のよく知られ
たオペラ「カヴァレリア・ルスティカーナ」の間
奏曲の演奏は、まるでクラシックの楽団のよう
だ。

Mantovani and His Orchestra

Continental Encores

London LL 3095

1959

マントバーニ作品に美女ジャケが多いわけでは
ないが、美女ジャケものになると写真に人工
性が際立ったものが多い。この『Continental
Encores』もライティングからモデルの男女の
ポーズまで、まるで作り物のような人工性だ。
60年代になるともっとナチュラルな写真が求め
られるようになってゆくから、59年リリースの本
作は50年代的人工性の最後の輝きのようなも
のだ。タイトルが示すように、ヨーロッパ「大陸」
の楽曲を用いての欧州巡り。これは50年代ムー
ド・ミュージックの常道でもあった。28本もの
ストリングス編成による演奏は、あのシャルル・
トレネの「La Mer」でさえもクラシック曲かの
ように思わせてしまう。

Esquivel and His Orchestra

Other Worlds Other Sounds

RCA Victor LPM-1753 / LSP-1753

1958

エスキベルはスペース・エイジ・サウンドのパイオニア、ラウンジ・ミュージックの祖である。メキシコ出身で長く地元で活躍していたこのピアニスト、楽団指揮者が米RCA Victorレコードのもとで矢継ぎ早に作品をリリースしていくのが1958年。ちょうどRCA Victorがステレオ録音を大々的に売り出した年であった。ちなみに筆者が持っているのはステレオ盤リリース前に短期間発売されたモノラル盤。RCA Victor特有の「Living Stereo」の文字がジャケに入らない分、すっきりして最高のスペース・エイジ・ジャケである。アレンジの斬新さ、さまざまな（奇妙ともいえる）音の交差など、おもちゃ箱をひっくり返したような楽しさがこの時期の他のエスキベル作品同様に素晴らしく、並みのムード・ミュージックとは同等に語れない。しかもロマンティックで宇宙的なのだ。言うことがない。

Ames Brothers

Destination Moon

RCA Victor LPM-1680 / LSP-1680

1958

本書で唯一、美女が登場しないジャケットである。では、なぜ取り上げるのか？　それは前ページに掲載したエスキベル作品のジャケットのセットと同じだからだ。月面の書き割りは岩の陰影まで同じ。ちょっと違って見えるのはエスキベル作品にはロケットがないことだ。リリースはどちらも1958年。すでに人気グループだったエイムズ・ブラザーズのほうは全曲、月にちなむ楽曲を集めたいわばコンセプト・アルバムである。そのために書き割りセットをつくり、撮影したのだろう。裏ジャケには衣装、靴、さらにジュエリーや手袋！の提供先までクレジットされているが、これは完全にRCA Victor制作サイドのミス。誰のアルバムと勘違いしたのだろう？　おそらくまだアメリカでの知名度の低いエスキベル作品のほうに流用され、一部描き直されたのだ。その安易さのおかげで2枚の素晴らしいジャケット・デザインを楽しめるのである。

André Kostelanetz and His Orchestra

Strauss Waltzes

Columbia CL 805 / CS 8162

1956

Photo : Dirone Photography

アンドレ・コステラネッツはサンクト・ペテルブルクに生まれたが、ロシア革命後の1922年に一家はアメリカに亡命。ピアニストを目指していたアンドレはいわゆる"ライト・クラシック"を多く演奏して成功する。曲はクラシック楽曲だが、演奏は耳当たりの良いイージーリスニングというのが、ライト・クラシックの特徴だ。多作したコステラネッツの作品は5000万枚以上売り上げたという。ウィンナ・ワルツを中心とした演奏は通俗的だが、ジャケットは素晴らしく優雅だ。写真はColumbiaレコードで多くの仕事を残したディロン。ポール・ウェストンの『Music for A Rainy Night』（P.50掲載）の凝った人工的ともいえる写真も彼の撮影だが、こちらもライティングの人工性が際立つ。

Eugene Ormandy / Philadelphia Orchestra

Waldtuefel / Lehar Waltzes

Columbia Japan ZL-10

Photo : Dirone Photography

1938年からフィラデルフィア管弦楽団を率いたユージン・オーマンディ指揮によるワルツ曲を集めた10インチ盤。本書は基本的にオリジナル盤のみを取り上げているが、こちらは国内盤。あえて掲載したのは、カバー写真の使い回しの面白さによる。アンドレ・コステラネッツの『Strauss Waltzes』と同じものだが、よく見るとコステラネッツ盤の右端で切れている男性の顔が、こちらではほぼ入っているのだ。写真の精度からいってもコステラネッツのほうがオリジナルなのだが。こちらは日本コロムビアからの発売なので、本国から写真を提供してもらったのだろう。ColumbiaやRCA Victorは使い回しが多い。ちなみに収録曲はオーマンディによるワルトトイフェル作品集とレハール作品集から日本独自に選曲してカップリングしたもの。

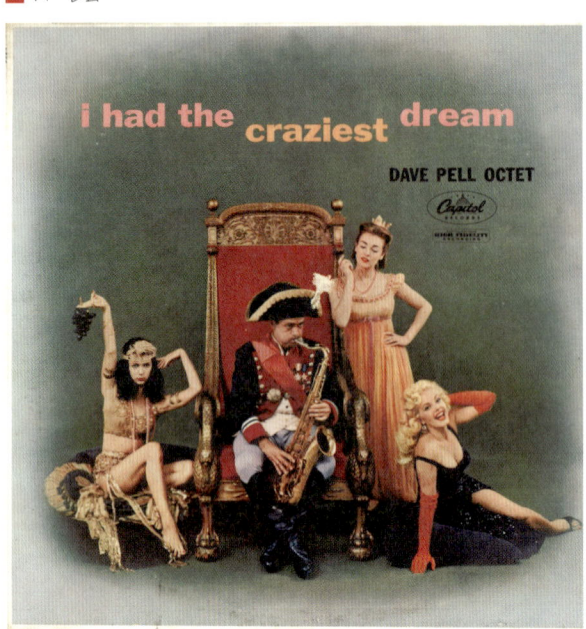

Dave Pell Octet

I Had The Craziest Dream

Capitol T 925

1957

デイブ・ベルは演奏は良いのにジャズ・プレー
ヤーとしてさほど高名なわけではない。ちょっと
まがいもの臭いジャケットも災いしたのではない
か。このアルバムもなかなか良いが、中央のナ
ポレオン時代風装束のテナー奏者がデイブ・ベ
ル御本人である。笑える。左にエジプト風美女
（ロゼッタ・ストーンの発見に因んで？）、右にナ
ポレオン帝政時代風のエンパイア・スタイルの女
性、右端は『紳士は金髪がお好き』（53）のマ
リリン・モンローを連想させる。Capitol制作部
が意匠を凝らしたのだろうが、笑える。ただ50
年代にはこういうジャケは多かったので、現在か
ら見てB級と言っても意味がない。それなりに当
時はキャッチーだったのだ。デイブ・ベル・オク
テットの演奏はとても良い。

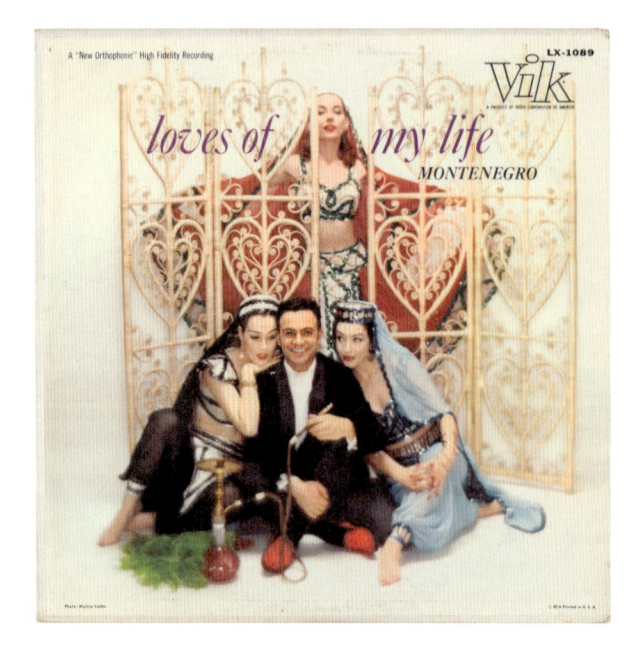

Hugo Montenegro

Loves of My Life

Vik LX-1089

1957

Photo : Murray Laden

この設定はB級だろうと思って、当初は本書の
掲載から除外していたアルバム。だが、デイヴ・
ベル・オクテットにはナポレオン帝政期の軍人が
3人の美女をはべらしているジャケットがあって、
こちらとそっくりだと気づく。どちらも1957年の
リリースだ。そこでこのジャケットとよく見ると、
真っ赤な背景で3人の美女にポーズを取らせたコ
ンフント・ロス・カリニョソス（次ページ掲載）と
こちらの3人の女性がよく似ている。同じVikレ
コード、しかも撮影はどちらもマレイ・レイデン。
さらにレコード番号はひとつ違いで、カリニョソ
スの次にこちらが制作されたとなれば、これは
ほぼ同じモデルだったとしても不思議はない。ど
うでもよいことなのだが。ユーゴ・モンテネグロ
はのちに『Moog Power』（69）というスペース・
エイジ・サウンドの作品をつくってカルトな人気
を呼ぶが、本作はまだふつうのムード・ミュージッ
ク。のどかで保守的だ。

Conjunto Los Cariñosos

Muchachas

Vik LX-1088

1957

Photo : Murray Laden

ポーズ・ジャケというジャンルを勝手につくっているが、ポーズ最高（あるいはヘン）で、購買意欲を誘ってしまうレコードは多々ある。これは最たるもので、モデルが三人いてその誰もがキマった瞬間というのはなかなかない。グリーンのドレスの女性は動きが最高。赤のドレスの女性は表情が良い。真ん中は…もうキメキメである。シングル盤はアザーカットのモノトーン写真が使われている。フォトグラファー、マレイ・レイデンの残された写真を調べると、女性にさまざまなポーズを取らせた写真が多く、このカバー写真ときわめて近い。Vikレコードならではのジャケのセンスかもしれない。コンフント・ロス・カリニョソスはキューバ人歌手、アウレリオ "ジェジョ" エストラーダが50年代にメキシコで組んだバンド。キューバ音楽の深みを感じられる素晴らしい内容だ。

Xavier Cugat and His Orchestra

Bread, Love and Cha Cha Cha

Columbia CL 1016

1957

Photo : Alfred Geschedt

憎めないエロ・オヤジといった風情がザヴィア・クガートの得なキャラである。隣に自身のバンドの歌手であり、4番目の妻にしてしまったナイス・ボディのアビ・レーンを配し、クガートはまるで巨根のようなパンを抱えている。あからさまに性的なこの写真は、50年代アメリカの厳しい倫理コードからは問題にされなかったのか？ フォトグラファーは当時、広告業界で売れっ子だったアルフレッド・ジェシャイドで、さすがに上手い。アビ・レーンのドレスは彼女自身のアルバム『Be Mine Tonight Abbe Lane』のカバーで使い回されている。ただし、靴が違うしレーベルも別だ。しかも彼女はこのアルバムで一曲も歌っていない。クガートのゴージャスなラテン楽団はさすがにナイトクラブウケする要素がたっぷりだ。

Xavier Cugat and His Orchestra

Cha-Cha-Cha

Columbia CL 718

1955

Photo : Alex De Paola

ポーズ・ジャケというものがあるなら、これは最高の作品のひとつで入手したときにはゾクゾクしたことを覚えている。モデルはザヴィア・クガート楽団の歌姫で、妻になってしまったアビ・レーン。しなやかな肢体をくねらせたポーズはなにがしかエロティックだし、その肉体の周りで跳ねるフォントの配置がまた楽しい。A面1曲目だけ、アビ・レーンのヴォーカル曲が収録されているが、他は楽団演奏によるCha Cha Cha。このアルバムを制作した1955年、クガートは6枚のアルバムをリリースしてマンボ、ルンバ、チャチャチャとあらゆるラテン・リズムをアメリカに紹介していた。

Abbe Lane With Tito Puente and His Orchestra

Be Mine Tonight

RCA Victor LPM-1554 / LSP-1554

1957

アビ・レーンのポーズもだが、レッドの背景にゴールドのドレスが映えて圧巻のカバー写真。オリジナル盤はかなり稀少だが、1990年代に日本で彼女の2枚の作品が再発された。いまでは海外でも高値になっているこの国内盤はつくりもしっかりしている。1952年にザヴィア・クガートと結婚したレーンは1956年にクガートの楽団を離れたが、その直後にアメリカのラテン楽団の第一人者ティト・プエンテの楽団をバックに吹き込んだのが本作。セールス的にもレーン作品のなかで最も良かったものだ。ドレスはクガート楽団の『Bread, Love and Cha Cha Cha』（P.82掲載）のカバー・モデルのときと同一のもの。ジャケ裏はフランスパンを何本も散らかしたところにレーンが鎮座している。クガートもレーンもほんとうにエロいのかもしれない。

Abbe Lane With Sid Ramin's Orchestra

The Lady in Red

RCA Victor LPM-1688 / LSP-1688

1958

『Be Mine Tonight』の翌年にアビ・レーンがシド・ラミン楽団と吹き込んだのが『The Lady in Red』。RCA Victor側では、レーンを情熱的な深紅でイメージ作りしようとしたのだろう。音楽的にはラテン楽団を離れたことで、ムーディーなオーケストラをバックにジャジーな歌唱を披露してなかなか良い。クガートとのコンビから彼女はラテンのイメージが強いが、ニューヨーク生まれのユダヤ人だ。歌手としての成功で映画にも進出するが、1960年代後半には次第に表舞台から消えていってしまった。しかし、驚いたことに彼女は自伝的な長編小説を書いていて1992年に発表する。なんと400ページを超える長編を。本作には、アメリカのシューズ・ブランドの老舗〈Andrew Geller〉が靴を提供とクレジットされているが、なんとジャケットのアビ・レーンは裸足である。

Stanley Applewaite

All The Things You Are

Design Records DLP-35 / SDLP-35

1957

Photo：Philip Lustig　Gown：Ceil Chapman

ジェローム・カーンの名曲「All The Things You Are」収録レコードなら何でも買っていた時期に出合った最良の一枚。50年代後半のリリースとされているが、クレジットされていない女性歌手の歌う「All The Things You Are」は、もっと昔のレコーディングのように聞こえる。だが、Designレコードは1957年に発足したレーベルだ。スタンリー・アップルウェイトも1925年生まれだから、たしかに50年代後半の作品なのだろう。ピアニストのアップルウェイトのアレンジはどれも繊細でノスタルジックだ。カバー写真を撮ったフィリップ・ラスティグの詳細は不明だが、ドレスはマリリン・モンローなどハリウッド・セレブに人気だったニューヨークのデザイナー、セイル・チャップマンが提供している。

Luiz Bonfa

¡Amor! The Fabulous Guitar of Luiz Bonfa

Atlantic 8028

1958

Photo : Charles Varon　Design : Marvin Israel

真っ赤なバックに胸元も表情もセクシーな美女。「黒いオルフェ」の作曲で知られるギタリスト、ルイス・ボンファの作品とは思えないようなジャケットだが、これはAtlanticレコードがアメリカ市場向けにデザインに凝ったからだ。写真はJubileeレコードで多くの傑作カバー写真を残したチャールズ・ヴァロン。デザインはAtlanticレコード専属のマーヴィン・イスラエル。これはイスラエルのデザイン作品のなかでも最良のものだろう。ほとんどの曲がボンファの作曲になるものだが、市場を意識してか、ブラジル的リズムの作品は少なく、美しく聴きやすいメロディが多い。それにしてもボンファのギターは凄い。

Hugo Winterhalter and His Orchestra

The Eyes of Love

RCA Victor LPM-1338

1957

Photo : Wendy Hilty

本書でもたびたび出てくるウェンディ・ヒルティ撮影のカバー写真である。デザインもまとまっているが、なにか足りない。美女ジャケにもA級とB級やC級がある。これはA級とまではいかないものの手元に置いておいたので、B級とは思わなかったのだろう。ヒューゴ・ウィンターハルターは1950年代初頭に頭角を現し、MGM, Columbia, RCA Victorと大手レコード会社を渡り歩き、有名アーティスト作品のアレンジャーとしても活躍した。このアルバムも流麗なストリングスでまとまってはいる。だが、どこといって面白みはない。それがジャケットにもそのまま表れているような感じだ。アーティストはジャケット・デザインに関知しないが、すべての「気分」がどこかグラフィックに集約されるところがある。偶然なのだが。アルバム・ジャケットとはそういうものだと思う。

V. A.

The Mellow Moods

RCA Victor LPM-1365

1956

ジャケット目当てで集めているといろいろ事故が起きる。このアルバムは、さほど写真やデザインが魅力的だったわけではないが、ピーナッツ・ハッコーやアービー・グリーンといったミュージシャンが参加しているので手元に残しておいた。それがカバー写真がまったく異なる『The Mellow Moods of Jazz』と同じ内容とは気づかなかった。この原稿を書くまでは。レコード番号、録音年もリリース年も同じ。となるとなぜRCA Victorは、異なるジャケットで同じ録音をリリースしたのか？　いまだに不明である。国内盤は『The Mellow Moods of Jazz』のほうが1992年に復刻リリースされている。

Georgie Auld

All The Things You Are

Coral EC 81097

1954

本書では例外的にしか7インチ・シングルは取り上げないが、この盤はジャケも良く個人的な想い出もあって掲載した。毎週のようにレコ屋を回っていた頃、一番は最も好きな楽曲「All The Things You Are」が入っているレコードを探すことだった。いまのようにYoutubeでなんでも聴ける時代ではない。ジャズの入荷盤の棚でこれを見つけたときに、まずセクシー・ジャケに当たったと喜んだが、さらにタイトルに「All The Things You Are」の文字が。完璧である。さすがCoralレコード。ただ、ジョージ・オウドはねっとりとしたテナーであまりモダンとはいえなかった。

"Bald" Bill Hagan and His Trocaderons

Music to Strip By

Somerset, Stereo-Fidelity SF-16800

1963

ストリップのための音楽だが、ジャケット・デザインは洒脱だ。スタジオの真っ赤なバックが情熱的だし、そこに黄色のドット・フォントがサインのような効果をもって置かれている。去りゆくモデルの身体は半分だけにして、脱ぎ去った衣裳を中央に置いているのもまた洒脱。ビル・ヘイゲンは『Music for A Strip Tease Party』というアルバムもあり持っていたのだが、ジャケがいまひとつだと思ってずいぶん前に処分してしまった。惜しい。そちらはネグリジェ姿の女性がストリッパー然として立っている写真で、こちらに比べれば面白みの少ないものだった。音楽のほうはストリップにちなんだ曲が収められているが、ディキシー・ジャズからエキゾチカまで何でもあり、といった感じ。ホーンがうるさいところはストリップというよりも行進曲かのようだ。「G-String Twist」とか「C-Cup Blues」なんていう曲名だけで心躍るところはあるのだが。

Marty Gold

Wired for Sound

Vik LX-1054

1956

美女と回路図のジャケットで、スペース・エイジ・バチュラー・パッド・ミュージックを思わせるが、フェランテ&タイシャーほど宇宙的なわけではない。だが、モダンでモンド・テイストという点では、かなりのレベルのアルバム。スペース・エイジ・ミュージックの特徴のひとつに「音」にこだわるという側面があるが、この作品も何を音源にしているのかわからない音がたくさん織り込まれている。マーティ・ゴールドは1969年に『Moog Plays The Beatles』というモーグ・シンセサイザーものを制作するが、その萌芽はこのアルバムにあったと言うべきだろう。ちなみにVikレコードは1853年にRCAレコードのサブレーベルとして「レーベルX」の名で発足し、1956年にVikと改名された。奇妙な作品も多いレーベルである。

Bob Thompson, His Chorus and Orchestra

On The Rocks

RCA Victor LPM-2145 / LSP-2145

1960

1960年リリースのこのジャケットは微妙だ。モデルが60年代的モダニティはあるものの、50年代のシックさはない。グラスに浸る美女というのは、それ以前からいくつかあったものだ。とはいえ、音楽のほうは素晴らしくセンスが良い。ボブ・トンプソン率いるコーラスのモダンさ、見事さは比類ない。60年代に流行するスキャットものの最良の部分がここに全部詰まっている感じだ。同じ60年にリリースされた『mmm, Nice!』も同様に素晴らしい内容で評価も高いが、モデルがレオタード姿で立っているだけというジャケが残念だった（モデルはマーティン・デニー作品で知られるサンドラ・ワーナー！）。『On The Rocks』の最後を飾る「All The Things You Are」の信じがたいくらいモダンなコーラス・アレンジは必聴に値する。

Xavier Cugat and His Orchestra

Mambo at The Waldorf

Columbia CL 732

1955

多重露光の写真、スイス系フォントのタイトル。1950年代末か60年代初頭のデザインかと思わせるが1955年のリリース。モダンである。のちに有名ナイトクラブ向け、マス向けに編曲されてゆくザヴィア・クガートの楽団演奏に比べてエッジが効いてアレンジも良いし、本物のマンボであり、ラテンである。クガート楽団をラテン・ムード音楽のひとつと思う人は本作を聴けば驚くことだろう。タイトルは1931年にアール・デコ様式で再建されたウォルドルフ＝アストリア・ホテルのことを指している。ニューヨーク社交界の大物が集ったこのホテルのオープニング・レセプションにクガート楽団は招かれていた。当時、クガート31歳。それから24年後の55歳のときにこのアルバムを制作した。クガートはぴったり1900年生まれなのである。

Vinnie Burke's

String Jazz Quartet

ABC-Paramount ABC-170

1957

Photo : Fernand Fonssagrives

Design : Fran Scott

ベーシストのヴィニー・バークはタル・ファーロー（ギター）の一連の作品への参加で知られ、さらにエディ・コスタ（ピアノ／ヴィブラフォン）との1956年のトリオ・アルバムは名作として知られる。筆者はファーローもコスタも大好きだから、当然バークのベースも好きだが、最初のリーダー作品となったこのアルバムは衝撃的ですらあった。ヴァイオリンとチェロを交えてバークのベースがうねり、ギターにケニー・バレルも数曲参加。弦楽器の低めのトーンで繰り出されるジャズは、クールで斬新だ。さらにこのモダンなヌード・ジャケ。写真はフランス生まれのフェルナン・フォンサグライヴス。デザインはジャズ・クラリネット奏者トニー・スコットとの結婚歴もある女性デザイナー、フラン・スコット。50年代に数々のジャズ・アルバムのカバー・デザインを担当している。

Stanley Black and His Orchestra

Red Velvet

London LL 1592

1957

発色も良くレタッチされたこのアルバムの写真は、一見イラストと見紛う。寝そべる女性の周囲にはスタンリー・ブラックの過去のアルバム写真が配置されている。女性がリラックスしてブラックのレコードを家具のような豪華なレコード・プレーヤーで聴いているという設定だ。なるほどピアニストで作曲家、編曲家のスタンリー・ブラックの作品はどれも蕩けるように甘く、柔らかで美しい。じつはこのアルバムはUS盤とUK盤で、カバー・デザインはまったく異なるものがリリースされた。UK Deccaからは、肩が出たヴェルヴェットのデコルテを着たフォーマルな女性の写真。英国のLONDONレコードからアメリカ販売されたこちらは、リラックスするカジュアルなスタイルの女性の写真というふうに。カバー・デザインは市場のニーズを反映している。

Sonny Criss

Go Man!

Imperial LP-9020

1956

Cover：Norman Gollin / Berle & Rene

アルト・サックスのソニー・クリスの代表作のひとつで、ピアノのソニー・クラークがまた良い。ジャズの名盤に必ず入る作品だが、ジャケの良さも特筆すべきもの。ヴェスパのタンデムに乗った女性の粋なスタイルとポーズ。じつはこのジャケット写真は2種類あって、1956年リリースのUSオリジナル盤やその後のリイシュー盤はここに掲載したジャケット。米盤と同じ年にリリースされたカナダ盤は、なんとヴェスパのスタンドが消されているのである。いずれにしてもコレクターズ・アイテムでとても高価で買えない。ここに掲載したのは国内再発盤である。ちなみにクリスは初の日本公演を目前にしながら50歳でピストル自殺している。

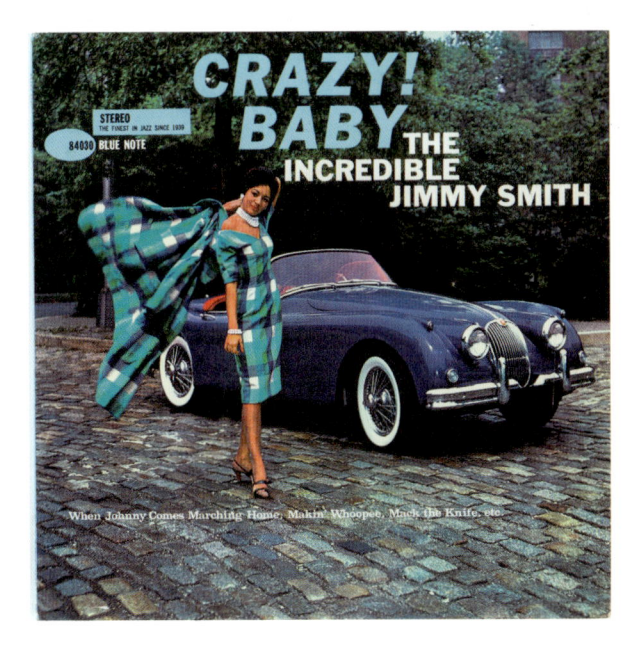

Jimmy Smith

Crazy！Baby

Blue Note 4030

1962

Photo：Bob Ganley

Model：Marion Barker

1950年代のムード・ミュージックにはオルガン奏者がリーダーになっているものがたくさんある。ムーディーなものはあるが、格好良いものは少ない。ジミー・スミスはハモンド・オルガン奏者としてソウル・ジャズ・スタイルを確立した。ファンキーでグルーヴィーでともかく格好良く、アルバムを集めたが、なかでもこの『Crazy! Baby』はジャケが良かった。モデルのエメラルド・グリーンのブロックチェックのドレスとお揃いのコート。クルマは当時最新のジャガー XK140（ディムラーを買収したことでジャガーのカーマスコットは消えている）。モデルのマリオン・バーカーは最初の黒人女性モデルとして知られる。時代の変化が音にもジャケにも現れた良い作品である。

Aldemaro Romero and His Salon Orchestra

Flight to Romance

RCA Victor LPM-1209

1956

Photo : Hal Reiff

パンナム航空が南米路線開発で合弁会社をつくって誕生したのが、Panagra Airways。その特徴的な尾翼前にセットされたタラップを降りる美女に機長。美女ジャケ・マニア、エアライン・マニア、ようするにモダニストの心をくすぐる絶妙なカバー写真だ。アルデマロ・ロメオはベネズエラ出身のピアニスト、作曲家。1955年に『Dinner in Caracas』をRCA Victorからリリースして南米で大ヒットさせた。その翌年にリリースしたのが、この『Flight to Romance』。タイトルこそアメリカ的だが、曲名はすべてスペイン語。ラテンのリズム、独特の泣きのメロディもあって本格派でもある。

Harry Marshard and His Orchestra

Resort Favorites for Dancing

Unicorn UNLP 1049

1957

1950年代のアメリカのミュージカル映画のバックに使われそうな軽快なダンス・ミュージック。ハリー・マーシャードとは何者か。フランス系と思しき姓はマーシャルと記すべきか。ほとんど無名のこのアルバムを購入する人はどんな人だろう。エアライン・マニアならノースイースト航空の旅客機やロゴ、ジュラルミン剥きだしの機体に惹かれるはずだ。タラップを降りる女性が持っているトランクもモダン。つまりカバー・デザインこそが惹きではなかったか。収められたメドレー形式の曲は「パームビーチ」、「バハマ」、「ニューポート」などのタイトルが付けられているが、ほとんどはラテン風ダンス音楽のノリだ。リリース元のUnicornレコードはボストンの小レーベルでほとんど実績がないし、録音はニューヨーク。マーシャードはバハマの〈Cat Cay〉クラブなどで演奏していたというからバハマ、ボストン、ニューヨークという脈絡のなさに感心させられる。

Exotica

エキゾチック・ミュージックが "発明" された文化的背景

LPレコードが開発されて「ジャケット」が必ずレコードに付随するものとなった1950年代、ジャケットに描かれる世界は、その音楽を表すというよりもその音楽全体が醸し出す「イメージ」を描き出すものだった。ロマンティックなムードには恋人たちの甘い逢瀬の写真が撮られたし、世界の都市をタイトルにした曲……「I Love Paris」とか「April in Portugal」……が収録されれば、壁に航空会社のポスターが貼られ、世界旅行気分が醸し出された。音楽は（クラシック音楽のように）聴覚の快楽だけでなく、なんらかの視覚的イメージをも誘発するものに変化した。

視覚の快楽。音楽を語るとそれが抜け落ちて聴覚に偏りすぎる気がするが、そもそも曲のタイトルからイメージするのは視覚的イメージのほうではないだろうか。たとえばボロディンの『韃靼人の踊り』と聞けば、どこか知らない東方、スラブ方面の国の民が踊っている光景をおぼろ気にイメージするのだ。

だから「南洋」と聞くと椰子の木や小さな島を思い起こすし「エキゾチシズム」という言葉を聞けば、南洋以上にディープな異郷をイメージする。

◆ 養分としてのエキゾチシズム

18世紀のロココ文化以降、シノワズリー（中国趣味）から、オリエンタリズム、ジャポニスムと、20世紀にいたるまでずっと西洋はエキゾチシズムを文化的養分としてきた。これは美術・装飾様式のことを念頭に言っているのだが、たとえば20世紀に誕生した大衆娯楽、映画をとってみても誕生時からつねにエキゾチックなものを題材にしてきている。

G・W・グリフィスの『イントレランス』(16) は、古代バビロニアの巨大なセットで人々を驚かした。ロバート・J・フラハティは、北極のエスキモーの生活をドキュメンタリー『極北の怪異』(22) にまとめて大ヒットさせた。ドイツ表現主義の監督、F.W.ムルナウはフラハティの協力を得て、ポリネシアにロケしたセミ・ドキュメンタリー『タブウ』(31) で、南洋の風景と現地人の恋愛物語を紹介する。エキゾチシズムに満ちた世界は、人々にとってとても珍奇で驚異でスペクタクルだったのだ。

そもそも映画の草創期、まだ10分足らずのサイレント映像が上映されていた頃にフランスのパテ映画社やゴーモン社は、世界中に撮影班を派遣して珍奇な映像を撮らせた。異郷という題材は必ず大衆の耳目を集めたのである。

そうであれば、ハリウッドのメジャー・スタジ

『野生の蘭』でのグレタ・ガルボのエキゾチックな衣装。デザインはMGM専属のエイドリアン。

Photo/George Fitzmaurice "Mata Hari" (MGM Pictures/1931)

オも異郷に注目し始める。グレタ・ガルボ主演の『野性の蘭』(29) は、ジャワ（インドネシア）にガルボが行く話で、その煌びやかな古代ジャワ風の衣装は、ハリウッド流エキゾチシズムの洗練の極みでもあった。そしてタヒチを舞台にしたスペクタクル映画『ハリケーン』(37) が大ヒットする。島を襲うハリケーンを素晴らしい迫力で描いたが、タヒチの娘たちが現地の歌を歌って、音声としても南洋が映画で紹介されるようになる。それまでの映画はサイレントだったからエキゾは、よりリアルなものとなった。

こうした戦前のエキゾチシズムの土壌は、戦争で中断されたわけではない。むしろ加速された。映画は戦争の諜報戦などをテーマに、上海だの、マカオだの、東京を舞台にしたし、軍は南洋やアフリカや東洋に出兵したのだから。そして出征した兵士らが接した異郷の文化・風俗は心象風景として、そしてスーベニアとして本土に持って帰られた。

こうして戦中に体験されたものが、戦後のアメリカで最新流行風俗になって立ち現れることになる。その典型がティキ・バー＆レストランであった。ティキ (tiki) とは、ポリネシア文化圏にある木彫りの像のことだ。

じつは戦前にすでにこうしたポリネシアン・レストランは、温暖なハリウッド界隈に登場しており、観光名所ともなっていた。それはハリウッドのエキゾチック映画に合わせた異郷のセットのようでもあった。筆者はその頃の絵はがきを何枚か所有している。これが戦後はモダンなレストランとして再登場するのである。

戦争で南洋やオリエントやアフリカを知った兵士たちは、この新手のスポットで、異郷での思い出を甦らせることができたし、トロピカル・フードやドリンクを堪能することもできたのである。そして「アメリカン・ティキ」は、異郷スタイルのごった煮だったから、どこに出征した兵士にも対応できた。南洋ティキからモアイ像、アフリカ彫刻、それに北米のトーテムポールまで、なんでも異郷的であればインテリアになった。戦前に開店し、

Photo/ John Ford "The Hurricane" (United Artists/1937)

ジョン・フォード監督、ドロシー・ラムーア主演の『ハリケーン』。ラムーアはこの作品のヒットで南洋娘のイメージがついた。

1920年代のハリウッドに作られたエキゾチックなショッピング街。セット感覚である。

1950年6月号の『エスクァイア』誌に掲載されたアロハシャツの広告。

Photo/ Collection of papier colle

1949年以降、フランチャイズ・システムで全米に拡大していったティキ・バー＆レストラン〈トレイダー・ヴィックス〉などは、戦後のエキゾチック・ブームの先兵でもあった。

さらには、サバービアのインテリアにもティキは侵入してきた。郊外住宅の玄関や部屋にティキやモアイ像のレプリカを飾るなど、珍しいことではなかった。40年代以降にアメリカ本土でハワイアン・シャツが大流行したこと、フィフティーズのカーテンや絵皿などにエキゾチックな柄が多いことなどは、こうした流行の文脈に属するものである。

◆ 珍奇趣味とグロテスク

〈トレイダー・ヴィックス〉がフランチャイズ展開を始めた1949年、ブロードウェイミュージカル『南太平洋』が初演される。戦時中の南太平洋のとある島を舞台にした物語で、作曲・作詞はロジャーズ＆ハマースタインのコンビ。ここから「バリ・ハイ」などのヒット曲が生まれた。この舞台はのちに同じタイトルで映画化されるが、それはエキゾ・ミュージック大流行中の1958年のことだった。

とまれ種は蒔かれた。50年代に入るとレス・バクスターが『Ritual of The Savage』をリリースする。ティキを描いたジャケットがインパクト

あったし、どんな野蛮な音が飛び出すのか？と思いきや極めて洗練されたジャングル・リズムを奏でられ、これはもう都会のエキゾチカだった（1951年リリースのこのアルバムにすでに『Quiet Village』が収録されている）。

バクスターは以降、50年代を通じてエキゾチカものをリリースしていくが、ザヴィア・クガートのようにラテン方面からジャングル・リズムを奏でるものもいるし、もっとけったいなところではインカ帝国の末裔と称するペルー出身のイマ・スマックのような女性歌手も登場する。

1950年からコンスタントにアルバムをリリースしてゆくスマックは当人の容貌もジャケットも相当にエキゾだったが、驚くべきはこれが弱小レーベルではなく、Capitolレコードからリリースされたことだった。アメリカに来てナイトクラブで歌っていたスマックをCapitolのスタッフがスカウトしたそうだ。そしてプロデューサーにレス・バクスターを当てて、スマッシュ・ヒットさせてしまったというから、エキゾはけっして「けったいな」珍奇趣味で収まらないものになりつつあった。

スマックの最初の二作品のタイトル・フォントは、古代インカの石を削ったような描き文字でエキゾ気分を出していた。57年の『Legend of The Jivaro』のジャケットはスマックが首狩り

1950年代の〈トレーダー・ヴィックス〉のティキ風ダイニング・テラスの絵葉書。

族に捕まって、湯立った鍋に頭を押しつけられそうになっている、という写真だ。B級映画に近い。このアルバムのために、スマックとアルバム全曲を作曲した夫のモイセス・ビアンコのふたりは、アマゾン奥地の首狩り族とともに暮らしたとまでライナーノートには書かれた。まさか！

　ちなみにジバロ (Jivaro) とはペルー山脈の先住民族のことであり、アマゾンの首狩り族とは何の関係もない。

　先住民、あるいは西洋からみた「野蛮人」の絵柄は、50年代のいくつものアルバム・ジャケットを飾った。レス・バクスターの『African Jazz』はアフリカ先住民らしいメイクと装束のモデルをスタジオ撮影したものだ。洗練された野蛮というところか。アーサー・ライマンの『Taboo Vol.2』（次ページ参照）は首狩り族による「干し首」の写真をジャケットにしたから、相当にインパクトは強かった。「干し首」は頭部を茹でて乾燥させ、拳くらいまで圧縮し、両目と口を糸で縫い合わせたものが多いといわれるが、このジャケットは細部まで、まさにそのとおりの「干し首」で圧巻だった。

　ジャケットはおどろおどろしいが、聴いてみると洗練されたジャングル・ジャズやハワイアン。それがこの時期のエキゾチカの実相だった。アーサー・ライマンには、キラウエア火山の爆発や溶岩流などの写真を使ったジャケットも多いが、これらの奇観から想像するようなアグレッシブな音楽ではない。多少、リズムが激しいものはあっても、多くの曲は微睡んでしまうくらいロマンティックだったりする。

　エキゾチシズムはモダニズムの合理性へのアンチのようにも見えたが、実際のところはモダニズムにどっぷり浸ったライフ・スタイルのなかに香辛料のように投入されただけだった。

　たとえば1950年代の日活アクション映画にはよく、ナイトクラブで歌手が歌うシーンが挿入された。マンボやルンバといったラテンが多いが、そこにイマ・スマック的なエキゾ風味が入っている歌ものがいくつかあった。だからエキゾ的珍奇趣味は、モダニズムの最先端（日活アクション映画ではナイトクラブ）のような場所でこそ、わかる人にはわかる、といったような最先端流行として捉えられていたところもあったのだろう。

　レス・バクスターは「Never got further than Glendale」と言ったと伝えられる。カリフォルニアの都市グレンデールより遠くには行ったことがないよ、ということだが、ほんとうだったのだろうか。バクスターの創造した「異郷」とは、

Les Baxter and His Orchestra
Ritual Of The Savage
Capitol H288
1951

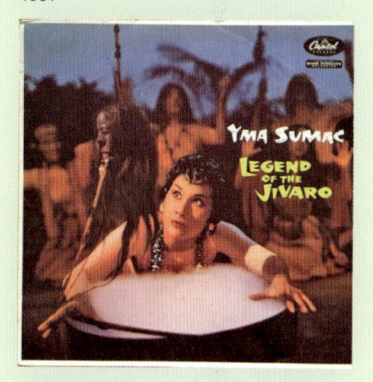

Yma Sumac
Legend of The Jivaro
Capitol T770 / ST770
1957

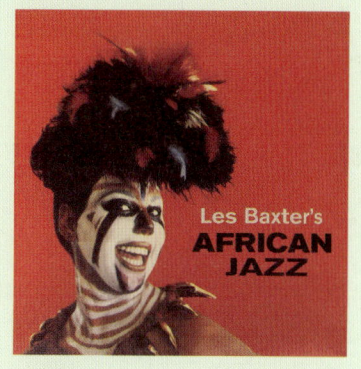

Les Baxter
African Jazz
Capitol T1117 / ST1117
1959

ほとんど彼のイマジネーションの産物だったことは確かなようだ。「どこでもないどこか」それがバクスターが創造した異郷の音楽だった。

マーティン・デニーも『Re/Search』誌のインタヴューでこういうやりとりをしている。

「ティキ文化の起源について一言。あなたにとってそれはどういう意味を持ちましたか?」と問うインタヴュアーに対し、「いや、私はティキ文化のことは何も知らないよ。音楽的性質としてそれをやっただけで、ティキ文化のことはなにひとつ研究したりはしてこなかったよ」

こうまで断言されては身も蓋もないという感じだが、これはバクスターやデニーのエキゾチカの本質でもあっただろう。異郷そのものを再現するのではなく、人々がイメージする異郷を創造したということだ。

デニーはこのインタヴューでもうひとつ重要なことを言っている。彼の『Exotica』が市場に投入されたとき、それはモノラルからステレオの転換期のど真ん中だったことだ。デニーはオージー・コロンのバード・コール（鳥の鳴き声の真似）を含めて、人々が「音」そのものに興味を示したことで、エキゾチック・ミュージックは成功した、という解釈をしている。デニー自身、自分たちの演奏がレコードで左右に音が分かれることに相当、感動したようだ。

1957年にモノラルでリリースされた『Exotica』は、1959年にステレオ化されて再リリースされている。そして、この年、シングルカットされた「Quiet Village」は大ヒットとなる。同じ年にハワイがアメリカの50番目の州になる、という出来事を重ねると、嘘のようにすべてがエキゾチカの成功のために準備されていたかのようにも思えてしまう。運命とはこういうものだ。

Arthur Lyman
Taboo Vol.2
Hifi Records R 822
1960

Arthur Lyman
Taboo
Hifi Records R 806
1958

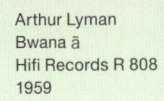

Arthur Lyman
Bwana à
Hifi Records R 808
1959

エキゾチシズムはハワイやアフリカだけではない。中東アラブもモダン・ライフに取り込めるエキゾチシズムだった。本書でもベリーダンスものなどを収載したが、中東ものレコードも案外多い。おそらく最も有名なのは『Port Said - Music of The Middle East』だろう。『Exotica』と同じ57年に、あの最初にステレオ録音レコードを販売したAudio Fiderityレコードからモノラルでリリースされた。こちらもジャケが強烈だ。怖ろしくスタイルの悪いアジア系女性がベリーダンサーの衣裳を着てポーズを取っている。撮影は本書で何回も紹介しているボブ・ウィットだからきちんとディレクションされている。筆者は30年以上も前にニューヨークの蚤の市でこれが目に入って、あまりに強烈なジャケと安さで買ってしまった。エキゾ名盤とか言われるずっと前のことだ。

聴くと本物の！アラビア音楽で、けっしてハリウッド風にソフィスティケートされたものではなかった。こういうものがいくつかある。同じ57年にリリースされたトライア・オーケストラ・オブ・アルジェズの『Arabian Nights』も本物のトルコ音楽だ。美女ジャケ具合が微妙で本書では掲載しなかったが、撮影そのものは白人女性モデルを起用してスタジオで撮ったもので、ジャケから想像できるのはエキゾ風ムード・ミュージックのほうだ。

この『Arabian Nights』を出したレーベルが面白い。1949年に設立されたEsotericレコード、その名もエソテリック＝秘儀である。1970年代にヒッピー文化絡みで浮上するエソテリスムやネオペイガニズムの源流のような感じだ。実際、リリースしたレコードも中東、アフリカの民族音楽からヨーロッパや北米のフォークロア、さらに現代音楽やクラシックまで広いが、どのレコードも一癖ありそうでカルト臭のするものばかりである。この『Arabian Nights』を出した57年にCounterpointレコードという名に変更された。

こうしたレーベルの存在から想像するに、戦後まもなくからエキゾチックな音楽への関心は広がっていた。それをポピュラー化したのがバクスターやデニーだったということだろう。そして50年代半ばから、もうひとつの領域がエキゾチックな異郷として浮上する。

宇宙である。

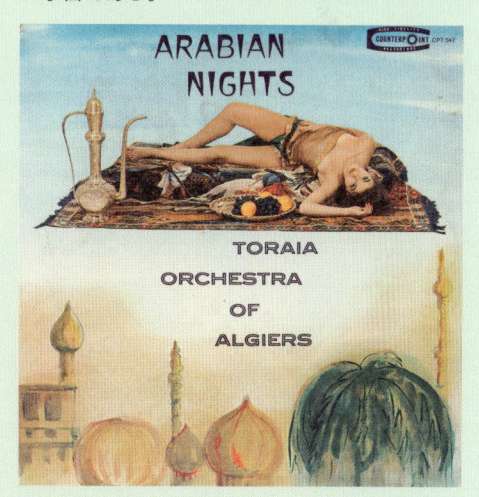

Mohammed El-Bakkar and His Oriental Ensemble
Port Said-Music of The Middle East
Audio Fidelity AFLP 1833
1957

Toraia Orchestra of Algiers
Arabian Nights
Counterpoint CPT 547
1957

本書でもシド・ベースの『From Another World』(P.28掲載) を紹介したが、宇宙服風ヘッドギアを付けた美女に波形のイラストは、新しい異郷＝宇宙を表現するに十分だった。1950年代はSF映画が大量に製作された時代だ。それはモダニズム美学に連なるものだったし、ニュー・フロンティアでもあった。西部に行く以上に宇宙に行く。そして宇宙ものはなんでもヒットしたのだ。いまではレトロ・フューチャーSFと呼ばれ、懐かしがられる宇宙ものは当時、最先端の科学の反映、もしくは擬似科学であるにせよ、到達できる夢の世界のように思えたのだ。

1956年にフェランテ＆タイシャーのふたりが制作した『Soundblast』は、ムード・ミュージックにおけるスペース・エキゾチシズムの最初の成功例だろう。土星のそばをロケットが飛ぶSF映画風のジャケット。ピアノを叩いたりして音響効果に凝るふたりのピアノ演奏。SF的とまではいえなかったが、音響的な斬新さに溢れていた。サブタイトルの「The Sound of Tomorrow Today!」というのがすべてを語っている。あのアリ・バホーゾの1939年の名曲サンバ「Brasil」や「Poinciana」など、演奏している曲はラテンだったりするのだが、演奏方法がラテンというよりも宇宙的だった。この手法は『Soundproof』や、宇宙服を着た『Blast Off!』に引き継がれる。けっして居心地の良い聞きやすさではなかったフェランテ＆タイシャーの演奏は、音響的な面白さでヒットした。それに宇宙ジャケは人気があったのだ。

エキゾの大御所、レス・バクスターも58年にモデルたちに宇宙服を着せた『Space Escapade』をリリースする。モデルの宇宙服のデザインは1950年製作の名作SF映画『月世界征服』で宇宙飛行士が着たもののパクリである。飛行士はカクテルを片手に、頭にアンテナを付けた宇宙人らしき女性たちに歓待されているのだから、これはティキ・バーでくつろぐのと大差ない。

音楽のほうもとりたてて宇宙的とはいえないのだが、曲は土星や月やロボットだのをタイトルにして、テーマ性だけは持たせていた。バクスター作品は、なにをやっても異郷感たっぷりなのだから、宇宙が彼の新たなエキゾ空間になるのも当たり前だった。しかもこの作品リリースの前年、ソ連は初の人工衛星スプートニク1号を周回軌道に乗せるのに成功した。

スペース・ジャケが見事なラス・ガルシアの『Fantastica』も1958年の作品だ。こちらもサブに「外宇宙からの音楽」

Ferrante and Teicher
Soundblast
Westminster WP 6041
1956

Ferrante and Teicher
Soundproof
Westminster WP 6014
1956

Ferante and Teicher
Blast Off!
ABC-Paramount ABC 285 / ABCS 285
1958

Les Baxter
Space Escapade
Capitol T968 / ST968
1958

1950年に製作されたSF映画の古典『月世界征服』。原題は『Destination Moon』。エイムズ・ブラザーズの同名の曲は映画とは関係ない。

と書かれたが、ふつうのムード・ミュージックとは大差ない。58年はすでにステレオ・レコードを各社がリリースし始めた年だが、モノラルでリリースされた宇宙ものが多いのも意外だ。ともあれ、宇宙への熱狂は50年代半ばに始まって60年代に引き継がれる。その間に50年代的ムード・ミュージックは衰退しても、のちにはモーグ・シンセサイザーが待っていた。モーグによるスペーシーなムード・ミュージック。でもそれはまた別の話だ。

◆ 宇宙時代の独身者のアパート

1986年にバイロン・ワーナーは1950〜60年代の音楽コレクターのことを指して、彼らのための音楽を「スペース・エイジ・バチュラー・パッド・ミュージック」(宇宙時代の独身者のアパート)と名付けた。それは宇宙的音楽というわけではなく、ハイ・フィデリティからステレオへと音響技術が進歩してゆくなかで、それらの「音」を楽しむ人々が聴いた音楽の総体を指していた。クラシックでもジャズでもない、なにもかも包含したハイブリッド音楽。それが1950年代後半の音

響的ムード・ミュージックだったと言ってよいだろう。いまでは音楽ジャンルとして「スペース・エイジ」が存在している。

異郷への関心は、1962年のイタリア映画『世界残酷物語』(原題：Mondo Cane)として別の結実をみる。世界の珍奇な風俗、奇習をセミ・ドキュメンタリーで捉えた映画で、世界的に大ヒットした。リズ・オルトラーニによる甘美なテーマ曲『More』は映画以上に知られるようになった。このあたりから「モンド（世界）」という言葉は、イタリア語に留まらないものとなってゆく。1969年には、ジョン・ウォーターズが『モンド・トラッショ』というミッドナイト・ムービーをヒットさせる。聖も俗も、上も下も、世界を並列に捉える、そんな感覚を「モンド」というようになった。

1950年代から60年代のムード・ミュージックやエキゾチカは、こうしたモンド感覚によって再定義されることになる。それは筆者がまさにそういう感覚でムード・ミュージックに分け入っていったからである。根っからのムード・ミュージック好きとは少し違う。しかし分け入ってみればこの世界はかなり広大なのだ。PUNKだのニューウェイヴだの、テクノだのを聴いてきた身としては、ムード・ミュージックこそ「異郷」そのものだったのかもしれない。

Jane Morgan With The Troubadors

Fascination

Kapp KL-1066 / KS-3066

1962

Illustration : Neil Boyle

イラスト・ジャケというものがある。その最良の例がこのアルバム。本作はあまりに書くことが多い。まず1957年にジェーン・モーガンの写真を使ったジャケットでリリースされた。そちらを持っていたのだが、なんとなくデザインが気に入らずに売ってしまった。62年リリースのこちらはジャケ買いしたものだが、まったく同じ録音とは後になって気づいた。しかもなんという出来の良いことか! そこから彼女の作品を集めることになる。A面2曲目の「An Affair to Remember」が、何百回聴いても泣けるほど美しい。これはデボラ・カー主演のメロ・ドラマ『めぐり逢い』(57) に使われて、デボラ・カー本人が劇中で歌うシーンがある。映画も良い出来だった。1939年にシャルル・ボワイエ、アイリーン・ダン主演の『邂逅』という素晴らしい作品があったが、その監督、レオ・マッケリーが自らリメイクしたのが『めぐり逢い』だった。アレンジが美しいこのアルバムは、どこかノスタルジックなアメリカの光景につながるところが泣けるのだ。バックをつとめるトルバドゥールズは、職人的な楽団だったようでエキゾものも手がけている。名前はヨーロッパ中世の吟遊詩人を指した「トルバドゥール」から取っている。

Jane Morgan
Lady Jane
Kapp KL-1191 / KS-3191
1962
Illustration : Neil Boyle

『Fascination』の1962年のKappレコードからのリイシュー盤と同じ年にリリースされたのがこの作品。よく見ると顔がそっくりである。同じ人物を描いているのだから当然でもあるのだが、同じイラストレーターが同じ表情を描いている。これは当人をモデルとして描いたのではなく、写真を元にして描いているからだろう。ジル・エルブグレンのようなピンナップ画家がモデルを写真に撮って、その写真を元に描いていたことからも想像できることだ。イラストレーターは『Fascination』を担当したニール・ボイルで、50年代後半から『リーダーズ・ダイジェスト』や『コスモポリタン』などの雑誌で活躍し、その後、60年代のジャズ・アルバムで素晴らしい作品をいくつも残した。アメリカのモダニズムのタッチである。パリでも活動し、シャンソンが得意なジェーン・モーガンだが、この作品では全曲、ノスタルジックなアメリカのフォークソングを歌っている。

Jane Morgan
The Last Time I Saw Paris
Colpix CP 469 / SCP 469
1964
Illustration : Sid Maurer

ジェーン・モーガンには、イラスト・ジャケが多い。名作『Fascination』のリイシュー盤（前ページ掲載）に倣ってデザインされたものか、64年リリースのこの作品もイラスト・ジャケとなった。イラストレーターは1950年代後半から長く人気を保ったシド・モーラー。この人は自身、トランペットを演奏し、17歳でColumbiaレコードのデザイン部門に職を得て、ジャズを中心に多くのジャケットを手がけた。ジャズ好きならいくつかは目にしたことがあるだろう。まだ商業美術のイラストレーターだったアンディ・ウォーホルはモーラーのアシスタントをしていたという逸話がある。モーガンはアメリカ生まれだが48年にパリに渡ってナイトクラブの歌手として成功する。そのときにフランス語を習得した。このアルバムがパリにちなんだ曲を選んでいるのは、そんな経緯があってのこと。

Sonny Lester His Orchestra & Chorus
How to Belly-Dance for Your Husband
Roulette R 25202
1962

タイトルのとおり「夫のためのベリー・ダンスの踊り方」である。なかなかエロティックな誘惑だが、どこかしらサバービアの倦怠を感じさせる。リリース年は不明となっているがRouletteレコードの番号から調べると1962年のリリースだろう。当時、ビルボード誌にレビューが載り、このアルバムが〈プレイボーイ・クラブ〉からの依頼で企画されたと書かれている。このレコードには「リトル・エジプト」という名の"有名ベリー・ダンサー"による手引き書が付属していて、文章だけだがけっこう楽しめる。エキゾ・ブームの余韻、バーレスク文化の余韻が残る作品だ。音楽のほうはポップにアレンジされているものの、アラビア音楽そのままである。

Sonny Lester
How To Strip for Your Husband
Roulette R 25186
1963

タイトルとイラストだけで十分に扇情感のあるジャケット。1962年の「ベリーダンス」の評判が悪くなく、同じアーティストで続編がつくられたという感じだろう。こちらにはストリッパーのアン・コリオによるストリップ手引き書が付属している。アン・コリオは1920年代からバーレスク・ショーで活躍して大人気となった。このアルバムがリリースされたとき、すでに53歳になっていたが前年にオフ・ブロードウェイで『This Was Burlesque』という演目を制作・演出・出演し、大成功を収めていた。そんな余勢を買ってのこのアルバム企画だったのかもしれない。B面1曲目の「Turkish」は、ストリップの定番曲だが、これは「ベリーダンス」のほうにも収録されていた。

Pal Joey

From The Soundtrack of The Columbia Picture

Capitol W912

1957

1957年の映画『夜の豹』のサントラである。フランク・シナトラがナイトクラブの経営者でキム・ノヴァクとリタ・ヘイワースのふたりと恋の鞘当てのような内容。筆者は20代のときにTVの深夜放映で観たが、このふたりの美人女優を「こます」シナトラが羨ましかった。ナイトクラブ経営者になりたかった。もともと『ギルダ』(46) でのセクシーさににヤラれたリタ・ヘイワースの大ファンだが、この映画では少々老けてノヴァクの魅力が勝った。でもジャケ・イラストほどにはノヴァクは美脚ではない。ヘイワースがちょっと可哀相に思えた。シナトラの歌がフィーチャーされているのは当然だが、ヘイワースは歌えるのに吹き替えになっているのが残念。もともとはブロードウェイ・ミュージカルで、楽曲はロジャーズ（作曲）＆ハート（作詞）。名曲ばかりである。

Vic Damone

The Night Has A Thousand Eyes

Mercury MG 25131

ヴィック・ダモーンはペリー・コモに見出され、1950年代に甘いマスクと声でスターになったポピュラー・シンガー。日本での知名度は高くないものの、アメリカ本国でのアルバム・リリース数は多い。この8曲入り10インチ・アルバムは1950年代のもので間違いないが、ダモーンのディスコグラフィにも見あたらない。イラスト・ジャケは50年代から60年代にかけて少なくないが、イラストレーターのクレジットは少ない。イラストの如く内容もロマンティック。スタンダード曲「Isn't It Romantic」では、ダモーンと女性歌手の掛け合いで歌って、恋愛度をよけいに高めるなど秀逸な出来である。

The George Shearing Quintet

The Shearing Spell

Capitol T648

1956

ジョージ・シアリングの細部まで完成されつくしたクインテット演奏。シアリングのピアノとベースの間合いなど極め尽くされたアレンジだ。1960〜70年代、シアリングはイージー・ジャズとか批評家からも馬鹿にされていたが、90年代以降のラウンジ・ジャズ再評価ですっかり趨勢は変わってしまった。カバーのいささかチープなイラストやフォントも楽しいが、裏ジャケのイラストは別のイラストレーターが描いていてこちらも良い。Capitolの50年代のアルバムの裏ジャケのイラストは驚くほど素敵なものが多いが、モノトーンで地味だということもあって顧みられることがないのが残念。

Morton Gould and His Orchestra

Good Night Sweetheart

RCA Victor LM-2682 / LSC-2682

1963

『プレイボーイ』誌や『エスクァイア』誌がモダンなイラストを誌面で展開したことで、1950年代末から60年代にかけてイラスト・ジャケはモダニズムを体現するような都会性をもって人気を得た。モートン・グールドは1940年代から60年代にかけて多くのムード・ミュージックをリリースした大物だ。美女ジャケもそこそこあるが、どれもいまひとつパッとしない。だが、このイラスト・ジャケはケネディ時代の良きアメリカを彷彿とさせるものがある。それが幻影としても。日本ではテレビ朝日系の「日曜洋画劇場」のエンディング・テーマにグールド演奏の「So in Love」が使われていたので、国内盤リリースも多いし、知名度も高い。

Liberace

Piano by Starlight

Columbia CL 1091

1958

アメリカ・ショービジネス界稀代の大スター、悪趣味の王、史上最高収入のピアニスト、リベラーチェである。スティーブン・ソダーバーグの映画『恋するリベラーチェ』（2013）で、リベラーチェを知った人もいるかもしれない。1950年代後半にはTVショーの出演で女性ファンを獲得し、週に1万通ものファンレターがきたという。ところが彼は同性愛者だった。80年代には元専属運転手で愛人でもあった男性から過去の交際を訴えられ、エイズで死去した。女性の首筋にキスする男性というエロティックなこのカバー写真は、最後まで同性愛者であることを否定しようとしたリベラーチェのカモフラージュだったのではないか。制作年が不明とされている本作だが、ColumbiaレコードのCL 1000〜1099番は1957から58年の制作なので、これは1958年の作品で間違いない。

Jackie Gleason

Music, Martinis, and Memories

Capitol W509 / SW509

1954

それまで10インチ盤をリリースしてきたジャッキー・グリーソンが1954年に初めて制作した12インチフル・アルバム。1954年のモノラル盤が1st.イシューだが、それをステレオにしての1964年のリイシュー盤だ。ジャケットは上に「Full Dimensional Stereo」の文字を入れただけで他は変更ないが、Capitolレコードのこのステレオ盤での文字挿入は著しくジャケット・デザインを損なう。ともあれ10年を経てもグリーソンのムード・ミュージックには需要があったということだ。ボビー・ハケットのトランペットが宵闇感をどっぷり表現している。

George Shearing Quintet

When Lights Are Low

MGM E3264

1955

ピアノ弾きと語らう毛皮を着た美女、となるとこのピアニストはジョージ・シアリングかと思わせる。さらにアルバム中の4曲に女性ジャズ・シンガーのテディ・キングが参加しているとなれば、毛皮の女性はテディか？　と思わせるが、どちらも本人ではない。しかしものちにある程度の名声を得たテディ・キングの名がジャケットに記載されていないし、裏ジャケのライナーノートにも一箇所記述があるのみ。なぜかというと彼女はまだ駆け出しで1952年からシアリングのクインテットのツアーに同行していた。その期間に本作が録音され、55年にリリースされたのだと思う。テディ・キングは1956年以降、自身のアルバムを発表して名声を得るのだから、その直前の録音ということになる。MGMレコードのアートディレクションはCapitolレコードよりもぐっと劣る感じだが、ちょっと古めかしいところにMGMならではの味わいがある。

The Benet Hallberg

Nisse Engstrom and Reinhold Svensson Trios

9 Beats to The Bar

Hollywood Records LPH-36

ジャケットが素晴らしく良い。女性の横顔が端正で美しいし、ドレスがまた素敵だ。隣の男性も美男だしネクタイ柄が面白い。Hollywoodレコードはマイナーな美女ジャケの宝庫で、面白い作品を多々リリースしている。本作はスウェディッシュ・ジャズ。ピアニストのBengt Hallberg（ベンクト・ハルベルイ）を「Benet」と記しているのは、アメリカの発音にないからとのことだろう。スタン・ゲッツ作品などで日本でも多少知られているベンクト・ハルベルイのディスコグラフィにこの作品はない。カバーに記載されているニッセ・エンストロームも、ラインホルト・スヴェンソンもピアニストだが、彼らのディスコグラフィにも本作の記載はない。ようするに3人のそれぞれのトリオの編集盤なのだ。筆者はスウェーデン、デンマークなどの北欧ジャズが大好きだが、50年代中頃の録音と思われる本作は、アメリカ以上にホットな演奏だ。ちょっと古めかしいところもあるのだが。

Ted Nash and His Orchestra

Star Eyes

Columbia CL 989

1957

1957年制作のアルバムだが、極端に小さく片隅に配置したタイトル・フォント、それに対する極端な女性のアップ写真の対比に驚かされる。といっても衝撃的に良いデザインとも思えないところがまた微妙なのだ。完璧な美女だしデザイン心も十分に入っているのになぜだろう？　テッド・ナッシュは17歳でキャリアをスタートし、ポール・ウェストン楽団で腕を磨いたサックス、フルート、クラリネット奏者。スウィング系のミュージシャンで、このアルバムでもしっかりスウィンギーにジャズしているが、ムーディなダンス曲も多い。センスは抜群に良いのにリーダー・アルバムは少なく、これが代表作かもしれない。1960年代にはヘンリー・マンシーニ楽団のサイドマンとして数多くのアルバムに参加した。

The Melachrino Strings and Orchestra

Music for Dining

RCA Victor LPM-1000 / LSP-1000

1954

『Music for 〜』のタイトルは、ポール・ウェストン楽団の1945年の10インチ盤『Music for Dreaming』から始まったといわれるが、メラクリーノ楽団は1952年に『Music for Reading』をリリース。このタイトルが好評だったのか、54年には『Music for Dining』そして『Music for Daydreaming』と立て続けにリリースした。室内をどう心地良くするかはこの時期のアメリカのサバーバン・ライフにおいて、まるで強迫観念かのようにつきまとっていた。1954年前後は急速にテレビが家庭に普及し始めた時期で、冷蔵庫から家具のようなレコード・プレーヤーまで、人々の消費熱が沸騰した時期だった。外に出るよりも家のなかを最良の状態にしたい。そのために「〜のための音楽」とシチュエーションに合わせたカタログのように提案したほうが受け入れられたのである。

The Melachrino Orchestra

Music for Daydreaming

RCA Victor LPM-1028

1954

ジョセフ・マッカーシーによる「赤狩り」が吹き荒れ、アメリカが最も保守に振れた1954年に、このようなジャケットが許されていたということに驚く。とはいってもこういう例が多いのも知っているのだが。ハリウッド映画もヘイズ・コードによって倫理規制が厳しく、アルバム・リリース前年には規制委員会の長、ジョセフ・ブリーンにアカデミー名誉賞が授けられるほどアメリカ社会は保守化していた。思うに倫理コードには引っかからない程度のちょっとしたエロティシズムは「ガス抜き」として権力側からも許容されていたのではないか。メラクリーノ楽団のストリングス中心の穏やかな演奏は心地良いが、ただそれだけという感じもする。

Jackie Gleason

Music for The Love Hours

Capitol W816

1957

ジャッキー・グリーソンが『Night Winds』（下段参照）の翌年、1957年にリリースしたのが、この『Music for The Love Hours』。ネグリジェ姿の美女が煙草に火を点けてもらおうとしているなんて、どうみても前作の続きの物語だろう。モデルも違う、ネグリジェも違う、男はナイトガウンに変わった。でも、同じ世界でしかない。ライターの火では、女性にこのような照明は当たらない。Capitolスタジオ陣の照明や撮影への凝りようがうかがえる。トランペットにボビー・ハケットを配して、もう真夜中の音楽である。そしてなぜか、とてもいやらしい。

Jackie Gleason

Night Winds

Capitol W717

1956

Photo : Ken Veeder

このカバー写真は、度はずれていやらしいと思ってきたがどうなのだろう？　ネグリジェ姿のままの美女が、夜半にもかかわらずスーツ姿の男と逢い引きしようとしている。男は木にもたれて煙草を吸っているから「待っている」側なのは明白だ。美女のネグリジェの肩紐は右側が落ちてすでにセックス・モードである。アメリカが最も保守化した1956年前後は、最も淫靡にポルノ化が進んだ時代でもある。ジャッキー・グリーソンのナイト・ミュージックは完璧に洗練されているが、思うのは音楽のことよりも、このジャケットのエロティシズムについてばかり。カバー写真はCapitolレコードで多くの作品を残したケン・ヴィーダー。レイ・アンソニーの夜の公園でダンスするカップルたちの写真（P.46掲載）やアニタ・オデイの名作『Anita O'Day Sings The Winners』のカバー写真も彼の作品だ。

Les Baxter

Thinking of You

Capitol T474

1954

Photo：Sam Oppee

レス・バクスターは1940年代後半から10インチ・アルバムをリリースしているが12インチのフル・アルバムは1954年リリースのこの『Thinking of You』が最初かと思う。のちのエキゾチカと違って男女混声コーラスをうまく配して、ひじょうに調性のとれた50年代的ムード・ミュージックである。さらにストリングスを始め、アレンジの細部にバクスターの凝りようやセンスが光って秀作である。カバー写真の女性の表情が印象的だが、撮影は男性とは別でおそらく合成だろう。撮影上、このように女性の顔にライトを当てた上で男性のほうにまで光は回せないから。カメラマンのサム・オピーは同じくCapitolでジャッキー・グリーソンのカバー写真なども手がけた。

Wayne King and His Orchestra

The Night is Young

RCA Camden CAL 358

1956

Photo：Howard Graff

『Vogue』か『Harper's Bazaar』に掲載されたファッション・フォトのようなカバー写真。『Melody of Love』の翌年にRCA Camdenからリリースされたもので（P.115掲載）、ウェイン・キングのRCAでの最後のリリース作となった。収録曲の録音年は不明だが、演奏スタイルや音からして戦前のEPレコード吹き込みの編集かと思う。ウィンナ・ワルツをモダンなダンス・ミュージックにアレンジしたり、ともかく優雅で美しい。こういう音楽を"スウィート・ミュージック"と呼ぶが、キングはボールルームの"ワルツ王"とも呼ばれていた。作曲もヴォーカルもこなし（B面2曲目で甘いヴォーカルを披露している）、楽団ではアルト・サックスを吹いたキングは、ジャズ・ミュージシャンにも尊敬される存在だった。

Les Baxter His Chorus and Orchestra

Midnight on The Cliffs

Capitol T843

1957

作曲家・編曲家としてのレス・バクスターは、ある種、マニエリスティックな綺想の音楽家のように思える。A面1曲目のタイトル曲「Midnight on The Cliffs」は、まさに断崖に立たされたかのようにドラマチックで大仰で緊迫感溢れた音楽だ。バクスター作品にはいくつかこういう曲があるが、他の作曲家では見あたらない。断崖に立たされたような緊迫感のあとの2曲目では男女混声コーラスで、1954年のミンディ・カーソンのヒット曲をサバービアの幸福な光景のように挿入する。そして3曲目ではまた極端にドラマチックに。これをマニエリスムと言わずしてなんと言おう。ブルーの色調のなかで抱き合う男女は、ジャッキー・グリーソンの『Music Around The World for Lovers Only』のジャケットとよく似ている。そちらは売ってしまったことが悔やまれる。

Paul Weston

Music for Romancing

Capitol T1223 / ST1223

1955

ポール・ウェストンは1930年代にトミー・ドーシー楽団に専属していたが、40年にバンドを離れ、歌手のダイナ・ショアと仕事をするようになり、ともにハリウッドに移る。そこでCapitolレコードの共同創設者でソングライターのジョニー・マーサーと知り合い、彼に見込まれて1950年からはCapitolレコードの音楽ディレクターに就任した。のちにジョー・スタッフォードとともにColumbiaに移籍。52年にはウェストンとスタッフォードは結婚するのだから、仕事だけでなく恋愛力学もいろいろ絡んでいたのだろう。58年と59年がウェストンの最も多作な時期だったが、このあたりを境にムード・ミュージックは"イージーリスニング"に再編されていったように思う。

Les Baxter, His Music and His Orchestra

Love is A Fabulous Thing

Capitol T1088 / ST1088

1958

1958年のリリースだが、このジャケットは本書に掲載したノーマン・ルボフ・クワイアの『Just A Song...』の浜辺でパーティを開いている男女を思い起こさせる（P.129掲載）。似たようなモダニズムを感じるのだ。50年代の静的な感じとは違い始めているし、服装もラフだ。カバー写真は時代の気分をよく伝えている。レス・バクスターのアレンジは一定してレベルが下がることがない。彼にスコアを書く能力があまりなかったという論争もあるようだが、にわかには信じがたい。バクスター節というのがあるのだから。

Johnny Guarnieri and His Group

Side by Side

RCA Camden CAL 391

1957

Photo : Frank Cowan

Coralでリーダー作を出したジョニー・ガルニエリはRCAの廉価盤サブレーベル、Camdenに移って、2枚の美女ジャケものを残す。1956年から57年はすでにバップからハードバップへとジャズ・シーンが変化していった時代だが、ガルニエリのバンドは甘くスウィングしてラウンジ的でもある。10歳からピアノを始めたガルニエリはイタリア系移民だが、世界三大ヴァイオリンのひとつ「ガルネリウス」を製作したガルネリ（グァルネリ）一族の末裔のひとりだという。カバー写真を手がけたフォトグラファー、フランク・コワンは『LIFE』誌などでも仕事をしていて、この写真は『The Songs of Will Hudson & Eddie De Lange』（P.116掲載）でのふたりの統編のように感じさせる。

Johnny Guarnieri and His Group

Cheerful Little Earful

RCA Camden CAL 345

1958

Photo : Irvine Warbin

『Side by Side』の翌年に同じくCamdenに残した作品。56年の『The Songs of Will Hudson & Eddie De Lange』（P.116掲載）のジャケットのふたりはいかにも50年代風で古典的風情。『Side by Side』を挟んで、この『Cheerful Little Earful』のカバー写真は、ずっとモダンな感じに変化している。ちなみにこのアルバムには別のジャケットが存在している。中央にキュートな美女、左側の男が耳元に囁き、それを右側の男が聞き耳を立てるという洒落たものでガルニエリの作品では一番モダンなデザインだ。ただし、内容もレコード番号も一緒。発売がずれて再発のようになったのだろうか。

Bengt-Arne Wallin With Rolf Blomquist's Orchestra

Isn't It Romantic

Vik LX-1076

1957

Photo : Murray Laden

タイトル曲の「Isn't It Romantic」は、ロジャーズ＝ハートのコンビがミュージカルのために作曲し、エルンスト・ルビッチの1932年の映画『今晩は愛して頂戴ナ』では、主演のジャネット・マクドナルドがこの曲を歌っている。本作ではスウェーデンのトランペッター、ベント・アルネ・バリンがボビー・ハケットのように甘く歌い上げている。バリンの初アルバムだが、彼はスウェーデンのフォークロアをビッグ・バンド・ジャズと融合させるなどの功績を残している。日本でも公開されたエロティック映画『恍惚の泉』(68) のサントラを手がけるなど映画方面でも活躍した。バックの楽団を率いるロルフ・ブロムキストもストックホルムで活躍したテナー奏者で、前年にはバリトン奏者、ラース・バリンのジャズ・アルバムに参加している。ようするにスウェーデン・ジャズ界の逸材によるムード・ミュージックなのである。カバー写真はRCA Victorで美女撮影を得意としたマリー・レイデン。女性のポーズが完璧だ。

Wayne King and His Orchestra

Melody of Love

RCA Victor LPM-1117

1955

洗練されたモノトーン写真が素晴らしいウェイン・キングの1955年のヒット作品だが、録音はそれ以前のものと思われる。キングはすでに1930年代からSPレコードに多数吹き込んでいた。「Love」の文字とVictorのロゴをマゼンタ色にし、モノトーン写真と合わせている2色製版である。ノスタルジックなワルツ曲が主体で、曲によっては甘い男性ナレーションが入り、曲によって柔らかな女性コーラス（おそらくバリー・シスターズ）も挿入されて古き良きアメリカを彷彿とさせる。「Melody of Love」というタイトル曲は本作と同年にリリースされたデヴィッド・キャロルのアルバムの1曲目を飾り、ジャケも似たようなモノトーン写真でリリースされるが、これはウェイン・キング作品の剽窃だと思う。そもそもどちらの女性もホルターネックのドレスを着ている！

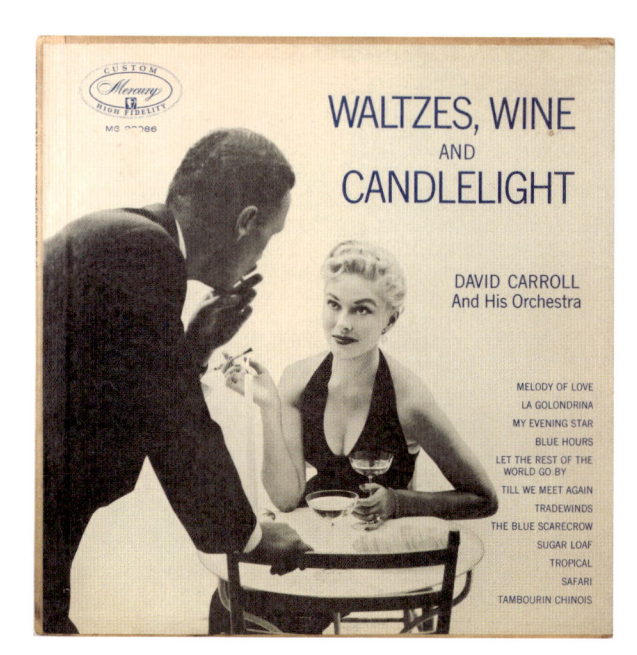

David Carroll and His Orchestra

Waltzes, Wine and Candlelight

Mercury MG 20086

1955

1曲目「Melody of Love」からノスタルジックで優雅なワルツの連続。デヴィッド・キャロルは1955年のフル・アルバム・デビュー作である本作のみワルツ曲で構成している。キャロル本人がA面はウェイン・キングのスタイルを踏襲したと言っているし、キングの楽曲も入っている。「My Evening Star」のようなコーラス曲はほんとうに美しい。B面はモンド・ミュージックのようなトリッキーなワルツの連続だが。カバーのホルターネックのドレスを着た女性の手前の男性は黒人だ。これは女性を浮き立たせるためのシルエット効果を狙って黒人男性を起用したものだろう。人種云々という意見もあろうが「技法」だと思う。カバー写真のコンセプトは同年にヒットしたウェイン・キングのアルバムの剽窃としか思えない。

Johnny Guarnieri

The Songs of Will Hudson & Eddie De Lange

Coral CRL 57085

1956

1955年に映画『ピクニック』（キム・ノヴァク、ウィリアム・ホールデン主演）のダンス・シーンで使われたことで、ポピュラー・スタンダードとなっていた「Moonglow」は再び脚光を浴びた。そこで企画されたのが本作で、「Moonglow」を作曲／作詞したウィル・ハドソンとエディ・デ・ランゲの楽曲集となっている。カバー写真に関するクレジットはないが、月（黄色の円）を背景に映画のワンシーンのようで秀逸だ。ジョニー・ガルニエリは1930年代にスウィング・バンドに加わってキャリアを積んでいったピアニストだが、ここではカルテット編成にしている。優雅だが50年代後半のジャズ・シーンにあっては、ちょっと古臭いスタイルだ。ちなみに1993年に発売された国内盤は世界中で流通しているが、オリジナル盤はほとんどみない。掲載したものはオリジナル盤でレーベルはCoralのブルー・ラベル、プロモーション盤である。

Les Baxter

'Round The World With Les Baxter

Capitol T780

1957

ローブ・デコルテで正装した美女と地球儀を回しながら談笑するレス・バクスター御本人。50年代的なシックさとジェットセット時代に向かうモダニズムが混淆したジャケットが目を惹く。1957年の作品だが、この年あたりから音楽で世界を周遊するアルバムがムード・ミュージック界で大流行する。これもそんな企画だ。「Japanese Parasols」なんて曲もある。それでもバクスターの編曲はストリングスの音色が中空を滑ってゆくような独特の浮遊感があって飽きさせないのだ。

■ 美脚

Pat Moran

This is Pat Moran

Audio Fidelity AFLP 1875 / AFSD 5875

1957

Photo：Bob Witt

美女ジャケではなく美脚ジャケだが、写真もフォントの置き方もなんともセンスが良い。真っ赤なパンプスが主役なので靴ブランドのクレジットが入っている。トゥシューズで有名なカペジオだ。女性ジャズ・ピアニスト、パット・モラン作品ではこれが一番人気だが、それもジャケットゆえのことだと思う。この2年前の56年にカルテット編成で、Bethlehemレコードに吹き込んだものは器楽をやるメンバー全員が歌ってヴォーカル、コーラスが楽しめる傑作だった。それに比べるとこちらはモラン他、演奏が力みすぎ。スコット・ラファロでさえも。カルテットのほうは猫イラストのジャケなので本書で取り上げられないのが残念だ。

Cal Tjader

San Francisco Moods

Fantasy 3271

1958

パット・モラン・トリオの脚をピアノに投げ出したジャケと双璧を成す美脚ジャケ。ヴィブラフォン奏者のカル・ジェイダーは多作の人で優れたアルバムが多い。ジャズ・ヴィブラフォンでは他にデイヴ・パイク、そしてピアニストとしても傑作を残しているエディ・コスタが好きだ。みんな白人ではないか。ジェイダーはサンフランシスコ生まれで、収録曲も彼の作曲したものが多いことからこのタイトルになったのかもしれない。デイヴ・ブルーベック、ジョージ・シアリングのところでやっていて、とくにシアリングとはラテン・テイストでいくつもの傑作録音を残している。

Marie McDonald With Hal Borne and His Orchestra

The Body Sings !

RCA Victor LPM-1585

1957

このカバー写真を最初に見た数十年前、露わな太ももとゴールドのドレスにどれだけソソられたことか。オリジナル盤はすでに1万円代後半だったし、現在でも変わらない。入手するまでに数年かけた感慨深いアルバムだ。マリー・マクドナルドは15歳でモデルを始め、17歳でブロードウェイ・デビューを果たした。「The Body Beautiful」と呼ばれ、いつしかニックネーム「ボディ」で呼ばれるようになった。彼女はたしかにボディを売ったが歌唱力も確かなもので、このアルバムはタイトルこそニックネームそのものだが、コーラスをバックに入れたりアレンジの妙も冴えている。いわゆる女性ジャズ・ヴォーカル作品以上に楽しめるところがある。それにしてもこの写真たるや。アメリカが最も保守的に振れた1957年にこれは咎められなかったのか。案外、保守の基盤は緩い。

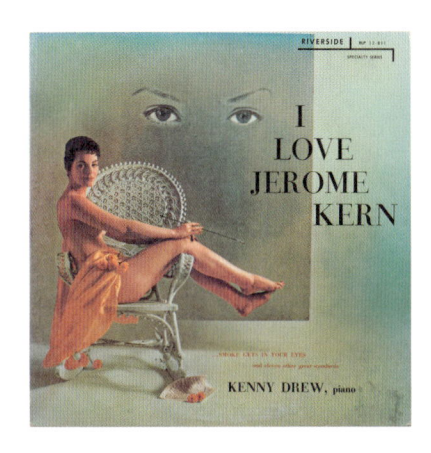

Kenny Drew

I Love Jerome Kern

Riverside RLP 12-811

1956

ケニー・ドリューはハード・バップというイメージだし、Blue Noteの10インチ盤で何枚か好きな作品もあった。しかし、ジェローム・カーンの楽曲を取り上げたこのアルバムは、完全にラウンジ・ピアノである。しかも、いかにも流麗に装飾音の入るピアノは悪趣味で卑俗でもある。だが、曲がジェローム・カーンだ。「All The Things You Are」もあれば「Long Ago and Far Away」もある。メロディはじつに良い。オリジナル盤の程度の良いものはかなり高値で、こちらは国内再発盤を掲載した。

Rudolph Statler Orchestra and Chorus

Henry Mancini Favorites

Wyncote W-9046 / SW-9046

1964

美脚ジャケである。これはレコード店ではなくネットでみつけたので、そのとき画像では強く惹かれるものがあった。どうしてもこの「脚」が欲しくなり、わざわざ海外のオークションで手に入れたが、実際に手に入れてみるとなぜ、そこまでこの脚に渇望したか不思議だった。フェティシズムとは、えてしてそういうものだ。Wyncoteレコードは、あまり評判がよろしくないが、このアルバムはA、B面それぞれ2曲しか入っていない。1964年当時でこれは詐欺でしょう。1940年代までの主流、SPレコードでさえ6曲以上収録しているのが当たり前だったのだから。それとものちのクラブ・ユースな「12インチシングル」の先駆けだったのか？

Rudolph Statler Orchestra

Moods of Mancini

Wyncote W-9158 / SW-9158

1967

Wyncoteレコードの悪夢は続く。『Henry Mancini Favorites』といっしょにこのアルバムも購入してしまった。なぜかこの金髪の乱れかたに惹かれたのだが、これも手元で見るとどうということはなかった。ルドルフ・スタトラー楽団なんて知らなかったし、実際に聴いてみると悪くもないが良くもない。マンシーニの楽曲の良さは再認識したが、こちらもたった4曲しか入っていない。あとで気がついたのだが、『Henry Mancini Favorites』（上段）と『Moods of Mancini』はモデルが同じなのだ。そしてこの二作と同年にリリースされた『More Mancini Favorites』というアルバムも同じモデル！　もしかして一日ですべて撮影したのか？　Wyncoteレコードはあくどいのだ。しかも最後に出た『More Mancini Favorites』は7曲入りだから一番まともな構成だし、カバー写真も良かった。が、もう買う気力は失せていた。Wyncoteレコードのものは買ってはいけないと学んだ。

Vincent Lopez / Enoch Light
Moments to Remember
Waldorf Music Hall MHK 33-1214
1958

ヴィンセント・ロペスは、1910年代後半からダンス・バンドを率いて、ラジオ草創期にはラジオ出演で名を売った。彼のバンドにはアーティ・ショー、トミー・ドーシー、ザヴィア・クガート、グレン・ミラーなど、のちのスウィングの大物が在籍したことがある。このアルバムはスウィング・ブーム終焉後、ロペスのかなり後期の作品だが、ピアニストのイノック・ライトと組んで、質の高いムード・ミュージックをやっている。曲目は「世界巡り」ものだが、ときにスウィング風の味付けもあってジャジーなところもある。ジャケットのセクシーなモデルはジェーン・マンスフィールド。もちろん写真だけで参加はしていない。「すみれの花咲く頃」がとても良いアレンジだ。

Michel Legrand and His Orchestra
C'est Magnifique
Mercury MG 20342
1958
Photo：Garrett-Howard

ミシェル・ルグランである。ルグラン作のサントラからジャズ作品までどれほど買っただろう、というほどルグラン好きである。だがルグランは大所帯のバンドを率いたとき、あまりうまくいってない気がする。本作はまさにそれでオーケストレーションがうるさすぎるのだ。アメリカのムード・ミュージックのアレンジャーなら制御できるところを、この活気あるフランス人は制御できていない。表題「C'est Magnifique」はコール・ポーターが作曲したブロードウェイ・ミュージカル「Can-Can」のなかの一曲。「Can-Can」は1890年代のモンマルトルのショーガールを描いたもの。ただしタイトルのみで、この曲は収められていない。カバー写真はマーティン・デニーの美女ジャケやジュリー・ロンドンのカバー写真を撮ったギャレット＆ハワード。マレイ・ギャレットとジーン・ハワードのコンビだ。

The Jimmy Rowles Sextet

Let's Get Acquainted With Jazz

...For People Who Hate Jazz!

Tampa TP-8 / ST-1012

1959

ネグリジェ姿の白人女性（教師？）が黒板にジャズの要素を書き、黒人に教えている。この黒人青年は三角錐の意味不明なオブジェを持っているが、これは男根の象徴だろうか？　そもそもジャズを嫌う人のために...「ジャズ」と知り合いになりましょうというタイトルで、この写真は悪い冗談のようだ。だが、ジミー・ロウルズ、ハロルド・ランド、レッド・ミッチェルといった面子の演奏はとても良く、ジャケの二流くささがもったいないほど。Tampaレコードは、ウェストコースト・ジャズをこういうエロっぽいジャケットでリリースして貴重だが、質の良い演奏にはちょっと申し訳ない気がする。

Somethin' Smith and The Redheads

Crazy People

Epic LN 3517 / BN 508

1958

本書に入れるかかなり迷った作品である。SM的で笑えるし、ナースの脚線美はなかなかエロティックだが、よく見ると美人はいないし、男たち（3人編成のヴォーカル・グループ）もいかにも品がない。切り貼りしたタイトル・フォントもどこかしら二流。ジェイミー・リードの先駆けでもない。「Don't Blame Me」以外、音楽的にもあまり惹くところはないのだが、彼らは1955年にビルボード・ヒットチャートの7位に食い込むヒット作を放っている。この手の二流くさいジャケットは手放してきたが、これを残したのはエロなナースが女王様的に振る舞っているという希有なジャケットゆえのこと。1958年という保守的な時代にはかなり刺激的だったはずだ。

William Donati

The European Touch

Tampa TP-17

Photo : Ralph Poole   Art Work : Ray Rich

ジャケット写真が良くて買ったら、音のほうはもっと感動的だったというのはそう多くはない。このウィリアム・ドナーティのピアノ・トリオ作品は、一曲目から引き込む。ベースとドナーティの跳ねるようなピアノ、そこにフレッド・カッツ（Freddy Katsとクレジットされているので、彼のディスコグラフィには本作の記載がない）のチェロが重なる。このトリオ編成がじつにクラシカルで良い。Tampaレコードは、ウェストコースト・ジャズ専門のレーベルとして1955年に設立された。リリース数は多くないがカタログが整理されておらず、本作も制作年は不明。カバー写真のクレジットにラルフ・プール、デザインにレイ・リッチが記載されているがいずれも詳細不明。女性の何気ない写真にタイトルのスクリプト書体がマッチしている。

The George Shearing Quintet

Out of The Woods

Capitol T 2272 / ST 2272

1964

ライナーノートをヴィブラフォン奏者のゲーリー・バートンが書いているのだが、シアリングはその前文で、自分にバートンの才能を気づかせてくれたのはマリアン・マクパートランドだった、と書いている。イギリス出身のピアニスト、マクパートランドの演奏とシアリングの演奏は1955年のSavoyレコードにカップリングされているから親しかったのだろう。クラシック（とくにバッハ）にインスパイアされたカノン技法による演奏は、音が複雑に重なってメロディアスなのにサイケデリックを予感させるような混沌さを感じさせる。シアリング的ではない前衛性はゲーリー・バートンの参加に因るものだろう。サブタイトルには「現代音楽の特筆すべき研究」とあるくらいだ。4人の木管楽器（Woodwind）奏者が参加していることから「Out of The Woods」のタイトルが浮かび、森に佇む白いドレスの女性写真になったと想像する。美しい写真である。

Gordon Jenkins His Orchestra

Night Dreams

Capitol T781

1957

Photo : Ken Whitmore

森の燐光にネグリジェの美女。しかも光は逆光で、よけいに神秘的で美しい写真になっている。ゴードン・ジェンキンスを知ったのはこのアルバムからで、そこから彼を有名にした『Manhattan Tower』を知った。ニューヨークを訪れた若い男性という設定があり、音楽だけでなくナレーションや会話が入ったり、効果音が添えられた斬新なムード・ミュージックだった。ジェンキンスの作品はどれもいかにも「50年代」的なのだが、どこかグッとこないところがある。本作も甘いコーラスが入ってロマンティックなのだが、どこか「効果音」的なところがあって、ほんとうの甘さではない気がする。カバー写真を撮ったケン・ウィトモアは、海岸で女性が座り込むウェス・モンゴメリーの『California Dreaming』や、黒猫写真が強烈なジミー・スミスの『The Cat』のジャケ写真などいくつものカバー写真を撮っているが、これが最高の作品だろう。

Joni James

The Mood is Romance

MGM E 3991 / SE 3991

1961

10代からコーラスガールの仕事をしたりして歌手を志望していたジョニ・ジェームズは、1952年、22歳のときにMGMと契約。ポピュラーソングの歌手として、それなりに成功するが、それまでと違うジャズ路線に向かったのが、1961年にリリースされたこの作品。正直、バックの楽団は別として彼女の歌唱はポピュラーソング路線とあまり変わりない。粒子の粗い写真は、当時『Vogue』や『Harper's Bazaar』などで試みられ始めた最新の技法で、見事にモダンである。フォトグラファーやデザイナーのクレジットがなく詳細不明なのが残念。

Joni James

The Mood is Blue

MGM E 3991 / SE 3991

1961

ジョニ・ジェームズは、イタリア移民の家系で目鼻立ちがはっきりした美人だった。ジョニ自身のポートレートをジャケにしたものも多数あるが、ジャズ路線をとった『The Mood is Romance』とこの『The Mood is Blue』は対のようになっていて、写真も同じテイスト。屋外で語り合う恋人たち、というのも60年代のモダニズム美学を反映していた。バックのオーケストラを指揮しているジャック・マーシャルはもともとジャズ・ギタリストでアレンジャーでもあり、Capitolレコードのプロデューサーもしていた。リーダー・アルバム『Soundsville!』を残している。マーシャルの絶妙なギターも入って、バックはビッグバンド・ジャズの仕事をしっかりしている。

Gordon Jenkins and His Orchestra

Stolen Hours

Capitol T884 / ST884

1957

このアルバムやジョニ・ジェームズの『The Mood is Romance』のように、緑の中で盛装した恋人たちという写真はどこか惹くものがある。どちらも男性が女性の耳元に囁きかけているという点で恋愛の「典型的構図」を示しているかのようだ。弦楽器のアレンジの優雅さがジェンキンスの持ち味のひとつだが、この作品はひたすら甘いストリングス・オーケストレーション。そこが他のムード・ミュージックと同じようになってしまってもいる。Captolレコードらしい素晴らしい写真は社内の制作チームによるもの。

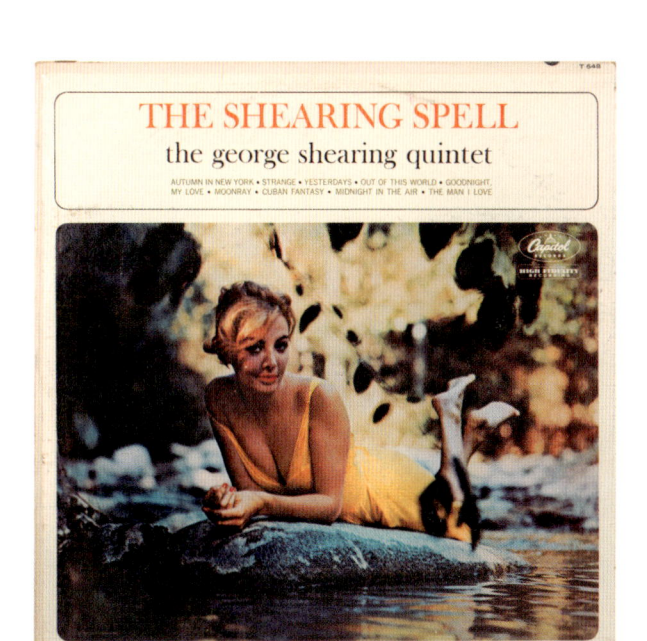

The George Shearing Quintet

The Shearing Spell

Capitol T 648

1959

本書でも紹介しているジョージ・シアリングの1956年の同名作品（P.105掲載）と、内容はまったく同じものである。推測になるがイラスト・ジャケのセールスがいまひとつで、写真に変えたのではないだろうか。内容が同じものをたった3年でジャケットを変えて販売するというのは、有名アーティストではそう多くはないから。しっとりと落ち着いたクラシック・テイストからラテン・リズムまで、凝縮された演奏の濃さにはほんとうに驚かされる。1960年代以降の作品は微妙になっていくが、それ以前のシアリング作品には駄作がなく完璧である。カバー写真の女性の顔立ちはすでに60年代的。1959年の作品だが、すでに美意識の変化がうかがえる。

Oscar Peterson

Tenderly

Verve MGV-2046

1956

Photo : Alex De Paola

もし、ジャズに詳しくなくピアニスト、オスカー・ピーターソンの名も知らなかったらこのジャケットを見て黒人ピアニストが演奏していることを想像できただろうか？　どうみても西海岸的な白人中産階級世界のようにしか思えない。ちなみに数多いピーターソン作品のなかでも白人女性モデルの3作品は中古価格もかなりの値である。これを仕掛けたVerveレコード創設者でプロデューサーのノーマン・グランツはカナダ出身のピーターソンを大々的に売り出した。白人にも受けるように。『Pastel Moods』はまだ甘かったが、こちらは甘くない。冒頭からピーターソンが派手に弾きまくるのでちっともTenderlyではない、優しくも柔らかくもないのだ。カバー写真は素晴らしく良いが、これもアレックス・デ・パオラの写真。裏ジャケのピーターソンの写真を見るととてもセンスの良い時計をはめているが、メーカーは不明だった。

Pat Boone

In The Garden

Dot Dot-3049

50年代からスター街道を驀進したポピュラー歌手、パット・ブーンの4曲入り7インチシングル国内盤。同じDot Recordsからリリースされたヒルトッパーズのジャケット写真そのままで、しかもフォント、カラーまで同じ。しかしパット・ブーンのディスコグラフィにこの作品は見あたらない。日本盤の独自仕様かとも思うが、「DOT-3029」というDot Recordsの品番もあるから不思議だ。

The Hilltoppers

Love in Bloom

Dot DLP-3073

1958

4人組コーラスグループ、ヒルトッパーズの唯一の美女ジャケアルバム。トリオ編成で始まったが、のちにピアニスト／作曲のビリー・ヴォーンが加わって楽曲も書いた。のちにビリー・ヴォーンは自身の楽団を率いてイージーリスニングに専念。60年代以降頻繁に来日し、本人の死後は息子が引き継いでいまだにビリー・ヴォーン楽団の名で活動している。こちらは王道の男性コーラスもので出来が良いが、ヒルトッパーズは4枚のアルバムしか残さず、しかもこれが最後のアルバム。この美女の表情も、トーンも素晴らしいカバーフォトの詳細は不明。写真とデザインはそのまま同じDot Recordsからのパット・ブーンの7インチシングル「Pat Boone Sings in The Moon」に流用された。

Jerry Carretta

Beautiful Music Together

Coral CRL 57042 / LVA 9055

1957

Photo : Jerry Tiffany

ピアニストのジェリー・カレッタの演奏は絵に描いたようなラウンジ・ピアノ。バックには抑え気味にベース、リズム・ギターが入る。王道の
ラウンジ・バンド構成だ。しかもカバー写真はいかにも1957年！　と感服する出来。この恋人同士の雰囲気が良いのだ。Coralレコードは、
こうした恋人たちのシーンを切り取ったジャケット作品を50年代後半に多数リリースしたが、一部高値になっているものの顧みられない作品
のほうが多い気がする。このジャケットはセンス良いが、写真が良くてもフォントがいまひとつのものなどは、けっこう手放してしまった。入
手しづらくなった今では後悔することしきりである。製版技師によって着彩された写真を撮ったのはジェリー・ティファニーというフォトグラ
ファーだが、詳細は不明。

Percy Faith
Percy Faith Plays Romantic Music
Columbia CL 526
1953
Photo : Dirone Photography

恋人たちの幸福なピクニック。50年代的であり
ながら、すでに60年代風モダニズムを感じさせ
るカバー写真で、この作品が1953年制作と知る
とちょっと驚く。ファッション・フォトにはすで
にこうしたモダニズムは表れていたが、ここまで
の明るさは多くはない。パーシー・フェイスのア
レンジ、演奏も60年代以降の気分を先取りして
おり、日本でも大流行する「イージーリスニング」
がすでにここにある。筆者はポール・モーリアな
どを筆頭とするイージーリスニングは、あまり馴
染めないのだが、パーシー・フェイスの先進性
はわかる。ムード・ミュージックに潜んでいた重
さや仰々しさを取り去り、あくまで軽く居心地が
良い音楽。それがイージーリスニングの本質だ
ろう。カバー写真を撮ったディローネ・フォトグ
ラフィーは、ポール・ウェストン、ザヴィア・クガー
トを始めColumbiaレコードのアルバム・ジャ
ケットで多くの仕事を残しているスタジオだ。

The Norman Luboff Choir
Just A Song...
Columbia CL 890
1956

ノーマン・ルボフ・クワイアの作品は、1960年
代初頭までどれもハズレがない。50年代の保守
的でエレガントな世界観で統一されているから
だ。コーラスといっても60年代的なアグレッシ
ヴなスキャットではなく、アメリカの古き良き世
界を思わせるハーモニー。1956年のこの作品は、
楽器の伴奏なしでコーラスだけで聴かせてしま
うところが凄い。海辺でのパーティ写真は美女
ジャケとは言い難いが、美女のいる、とても雰
囲気のある光景だ。ボートネックのボーダーを
着た中央の女性がとてもセンスが良い。

Nelson Riddle

Sea of Dreams

Capitol T915 / ST915

1958

水中の裸の女性。口紅も紫の薄物も水のブルー・グリーンも着彩されたもので、このカバー写真で唸る。モンド・ミュージック本などにも取り上げられたのは、ジャケに因るところ大だが、音楽のほうもエキゾ・テイストも入ったちょっと不思議なストリングス・ムード・ミュージックである。羊水の中にいるようなイメージなのだ。ネルソン・リドルの名を知らない人も、彼がアレンジと演奏をした「バットマン」のテーマは知っていることだろう（作曲はニール・ヘフティ）。バットマニアだった筆者はそちらからネルソン・リドルを知った。リドルの楽団はサントラも手がけたし、幾多の有名歌手のバックをつとめたことで知られる。フランク・シナトラ、エラ・フィッツジェラルド、ローズマリー・クルーニー、ディーン・マーチン...と大物ばかりきりがないくらいだ。でもリドルが前面に出た作品は少なく、傑作はやはり本作とバットマンのTVサントラあたりだろうか。

Les Baxter

Caribbean Moonlight

Capitol T733

1956

マーティン・デニーの歴史的エキゾチカ・アルバム『Quiet Village』のようにヒットしたわけではないが、この『Caribbean Moonlight』は1956年にリリースされた先駆的エキゾ・ミュージック作品である。「Quiet Village」を作曲したのもレス・バクスターだから、56年には彼はエキゾチカにはっきりと舵を切ったことになる。おそらくはCapitolレコードの意向で、カリブの浜辺で佇む美女という差し障りのないカバー写真になったのだろうが、A面1曲目の「Taboo」から強烈なエキゾチック・サウンド全開である。これ以降、エキゾチカの担い手は作曲家のバクスター、それに演奏家としてマーティン・デニー、ハワイ出身でアメリカでも人気を得たアーサー・ライマンとなる。

The Sandpippers

The Sandpippers

A&M LP 125 / SP 4125

1967

Design：Peter Whorf

1967年のサンドパイパーズのこの作品を最初に聴いたのが1970年代、筆者が20代の頃だった。その頃はレターメン同様「軟弱な音楽」に思えた。1990年代にとくに日本での"ソフトロック"再評価の流れで、再度聴くととても洗練されて聞こえた。時代性というのは怖ろしいものだ。それから四半世紀を経たいま聴いてもやはり良い。なにしろプロデューサーはトミー・リピューマだから洗練されていて当たり前だ。デザインと写真を担当したピーター・ウォーフは、サンドパイパーズの前年のヒット作「Guantanamera」を始め、A&Mレコードで多くの作品を残した。ロマンティシズムと60年代的なモダニズムが融合したような写真は、ウォーフ特有のものだ。

The Three Suns

Midnight for Two

RCA Victor LPM-1333

1957

Photo：Murray Laden

「飛行ジャケ」とか「浮遊ジャケ」といわれるものがある。マニアが勝手に言っているだけで広範に流通しているものでもないが。その飛行ジャケの最も秀逸な例として必ず挙げられるのがこの「Midnight for Two」だ。美女ジャケを収集し始めた当初は一にも二にもなくこれが欲しかった。そうした熱が冷めたあとでもこのカバー・デザインは素晴らしいと思える。写真は、本書でも紹介しているロス・カリニョス（P.81掲載）のカバー写真を撮ったマレイ・レイデンで、彼の作品のなかでもベストの部類だと思う。本作はパイプ・オルガン奏者を加え、編曲にシド・ラミンを迎え入れ、さらに効果音も入れて、さすがに浮遊感たっぷりのスペース・エイジ・ミュージックで楽しい。

The Three Suns

On A Magic Carpet...

RCA Victor LPM-2235 / LSP-2235

1960

Cover：David B. Hecht, Henry Turner

箒に乗った恋人同士のカバー・デザインが秀逸な『Midnight for Two』がヒットして、スリー・サンズは、ネグリジェ・カバー路線から浮遊路線に転向する（その間に数枚のアルバムをリリースしているが）。魔法の箒が魔法の絨毯に変わっても音楽はほとんど変わらない。しかも2作とも夜の光景だが、スリー・サンズの音楽は乾いたギターの音色、ハモンド・オルガンのスウィンギーな感じからしてもどうにも陽光のただ中で聴く音楽のようにしか思えない。ジャッキー・グリーソンのたいがいのアルバムが夜を感じさせたのとは対極にあるような存在だ。まぁ、明るく軽やかでロマンティックな夜を想像すれば良いのだろうが、この湿気のなさは湿気の多い国に住む人間には想像しがたい。

The Three Suns

Dancing on A Cloud

RCA Victor LPM-2307 / LSP-2307

1961

スリー・サンズの浮遊路線は『On A Magic Carpet』の翌年、1961年にリリースされた本作でも引き継がれる。カバーにあるように41曲をメドレーで繋いで、どれも似たようなダンス・テンポにしてLPに押し込んだもの。友人や恋人たちのパーティでダンス・ミュージックとして使われることも当て込んだのだろう。スリー・サンズは60年代に入っても絶え間なくアルバムをリリースしてゆくが、浮遊ジャケはこの作品で終わる。『Fun in The Sun』では、海岸の岩場で恋人同士が、『Warm and Tender』では美女がカーペットに、『Everything Under The Sun』では砂の上に美女が、それぞれ横たわるジャケットに変わる。浮遊路線が寝そべり路線に変化したわけだ。

Paul Weston

Floatin' Like A Feather

Capitol T1153 / ST1153

1959

Photo : George Jerman

スリーサンズの一連の作品と同じように「浮遊ジャケ」として人気の高いポール・ウェストンのアルバム。宙を浮遊しているようなフェザーをベッドに微睡むネグリジェ姿のモデル。写真はCapitolフォトスタジオのジョージ・ジャーマンで、本書でもいくつか彼の撮ったアルバムを紹介している。ジャーマンはのちにWarner Bros.レコードで仕事をするようになるが、多くのカバー・フォトのなかでもこの作品が最良だと思う。サブタイトルに「Swingin' Style」と書かれているようにストリングスをメインにしたものが多いウェストンにしてはホーン中心のモダンなサウンド。ジャケだけでなくこのあたりもスペース・エイジ・サウンド系にウケている理由かもしれない。

Paul Weston

Moonlight Becomes You

Columbia CL 909

1956

Photo : Hal Reiff

美女ジャケ・カバーの多いポール・ウェストンだが、この作品は写真とモデルの良さで際立っている。写真は、本書でも紹介しているレイ・エリス楽団やザヴィア・クガート楽団のカバー写真を手がけたハル・レイフで、色彩感覚が素晴らしく良い。ウェストンはCapitolレコードでキャリアを始めたが、歌手のジョー・スタッフォードと仕事をするようになり、スタッフォードはウェストンを引き連れて1950年にColumbiaレコードに移籍する。58年にはまたCapitolレコードに戻ってアルバムを発表したが、どちらのレコード会社でも質の高い美女ジャケを生んでいるのは偶然だろうか。

Bobby Hackett
In A Mellow Mood
Capitol T575
1955

ボビー・ハケットは最高の「夜もの」トランペッターである。1930年代から40年代にかけてグレン・ミラーやベニー・グッドマンの楽団でプレイし、1950年代にはジャッキー・グリーソン楽団のソリストをつとめた。グリーソンらしい夜のサウンドにハケットのトランペットが果たした役割は大きい。ハケットのリーダー作品には何枚かの美女ジャケがあるが、この『In A Mellow Mood』は写真の色調や、モデルの美人度含めて最高の作品ではないか。さらに楽曲の選択、アレンジ等音楽的にも洗練の極みである。グリーソン楽団で演奏するとムード・ミュージックと感じるが、ここでのハケット楽団の演奏はムーディでありながらジャズらしい。ピアノとベースのセンスの良さも光る。

The George Shearing Quintet and Orchestra
Blue Chiffon
Capitol T 1124 / ST 1124
1959

ジョージ・シアリングのクインテットとオーケストラを組み合わせた1956年の『Velvet Carpet』が成功したことで、同じような構成で制作されたのが59年リリースの本作。赤いヴェルヴェットからブルーのシフォンに。これ以降、Capitolレコードは言葉遊びのように似たようなイメージ、単語の変換でさまざまなシアリング作品をリリースしていく。内容はかなり似ているが、それは名人芸だから仕方ない。シアリングには本来のジャズ、そこに彼が好きだったラテン、そしてクラシックの要素が加わっていると思う。本作ではオーケストラの甘い旋律をバックにしながらもジャズ・クインテット構成らしいラテン・リズムが入った曲も入れて、シアリングの好みが見事にロマンティックに、そしてジャジーに昇華されている。オーケストラはムード・ミュージック界で有名なビリー・メイ楽団である。

Paul Weston and His Orchestra

Mood for 12

Columbia CL 693

1955

ジャケットのコンセプトがよくできたアルバムである。ベッドに寝そべる美女に時計の針。12の文字盤位置には、それぞれ男性名が。じつはこのアルバムでフィーチャーされたソロイストである。ムーディな音色を奏でる男性ミュージシャンが美女の24時間をお相手しているイメージだ。ピアノのポール・スミス、ギターのバーニー・ケッセル、テナーのテッド・ナッシュなどジャズ界隈の大物も参加して見事にムード・ミュージックを作り上げたのはウェストンの手腕である。ベッドの青、壁の赤に対応したタイトル・フォントの色使いも良い。

Julie London

Around Midnight

Liberty LRP 3164 / LST-7164

1960

Photo：Garrett-Howard

Design：Pate / Francis & Associates

ジュリー・ロンドンは別項で詳細を記したが、時計の文字盤をあしらったジャケットの類縁性でこちらにこの『Around Midnight』を掲載した。オリジナル盤のジャケがともかく豪華だ。文字盤とジュリー・ロンドンのパンツ、ミュール、そして枕がゴールドで印刷されている！ それだけでテンションが上がるのだ。写真は本書でも何回も登場するギャレット＆ハワード。デザインを担当したペート／フランシス・アソシエイツは、リバティで多くのカバー・デザインをこなした。ジュリー・ロンドンとマーティン・デニーを数作担当しており、どれもなるほどと思わせる秀逸なジャケット・デザインである。

Don Ralke and His Orchestra

But You've Never Heard Gershwin With Bongos

Warner Bros. W 1360 / WS 1360

1960

Photo：George Jerman

タイトルのようにボンゴをフィーチャーして、これまでに聴いたことのないガーシュイン音楽という触れ込み。ドン・ラルクはハリウッド映画やTVで活躍したアレンジャーで、日本でも1960年から63年までTV放映された『サンセット77』のテーマ・ミュージックの作曲者としても有名だ。アルバムは少ないが、ボンゴをフィーチャーした音楽はみごとに「ジャングル・エキゾチカ」であって、モンド・エキゾ好きにはグッとくる内容だろう。トランペットの音色、ヴィブラフォンやギターの入れ方、オーケストレーションの構成の妙、スペース・エイジ・サウンドの見本のような傑作。カバー写真を撮ったジョージ・ジャーマンは、本書でも紹介しているポール・ウェストンのロマンティックな『Floatin' Like A Feather』（P.134掲載）のカバーを撮ったカメラマン。ツボを心得ている。

Laurindo Almeida

A Man and A Woman

Capitol T-2701 / ST-2701

1967

ブラジル出身のギタリスト、ローリンド・アルメイダはボサノヴァ作品も多く、そちらのギタリストと思われがちだが、もともとはクラシック・ギターを習っていて、ともかくなんでも弾きこなせる。以前、クラシック・ギター音楽の中古盤を買ったらギターがアルメイダだった、なんてこともあった。ボッサではスタン・ゲッツと共演したものなどが有名だが、個人的には歌手のジョニー・ソマーズと共演したものが一番好きだ。こちらのアルバムはとてもセンスの良いムード・ミュージックに仕上げているが、アルメイダの器用さはちょっと没個性になりがちな気がする。ブロック状の棚の向こうの恋人、ふたりの胸元あたりには「LOVE」の文字が置かれて、1967年のモダン・テイストがよく表れている。

137

Lou McGarity Quintet

Some Like It Hot

Jubilee JLP 1108 / SDJLP 1108

1959

Design : Steven Haas

ジャケが秀逸で人気があるアルバムだが、ジャズとしてはトラッド系で古めかしい。これが1959年リリースとは驚くくらいだ。ハードバップからモダンに向かっていた時期に！ といって悪いわけでもなく、それとなく調性が取れている感じである。50年代後半のJubileeレコードは、ジャケット・デザインに良いものがたくさんあって音楽的内容よりもカバーで勝っていた。カバー・デザインにスティーヴン・ハースのクレジットがあり、その姓からドイツ系だとわかるが詳細は不明。Blue Noteがドイツ系モダニズムの産物だったことを連想した。ルー・マクガリティはベニー・グッドマン楽団などで演奏していたスウィング畑のトロンボーン奏者だが、リーダーアルバムはこの一作だけだったようだ。

Barney Kessel

Music to Listen

Contemporary C3521 / S7001

1957

これを「美女ジャケ」に入れて良いかはとても微妙だが、浜辺で踊る女性たちの仕草が可愛らしくて素晴らしいジャケットだ。50年代後半のContemporaryレコードは、ウェストコースト・ジャズ的な洗練がカバー・デザインに表れていて秀逸なものがともかく多い。バーニー・ケッセルとなると演奏もどれも良いのだから言うことがない。ロバート・グイディやキャサリン・ハーマンがデザインしていたContemporaryのほうが、リード・マイルスのガチガチのBlue Noteスタイルよりも個人的には好きだ。ちなみにバーニー・ケッセル作品で最もカバー・デザインが優れているのは『Kessel Plays Standards』だと思うので、是非探してみてください。

The George Shearing Quintet With Brass Choir

Burnished Brass

Capitol T 1038 / ST 1038

1958

Model : Sandy Warner

レコードを出せば、それなりに売れて多作家で
もあったジョージ・シアリングだから「企画」も
必要になる。ロマンティックで、クラシカルで、
ラウンジなシアリングの演奏に16本ものホーン
楽器を加えるなんて！ はっきり言って水と油な
のだ。しかもシアリングが他のアルバムでも収録
している曲が多いので、ホーンが加わったうるさ
さはより実感できてしまう。でも、このジャケッ
トなのだ。トロンボーンとダブル・ホルンに挟ま
れてゴージャスなドレスから太ももを露わにする
美女。トロンボーンは男根の、ダブル・ホルン
は女性器の隠喩ではないか？ 写真のディレク
ションからフォントの配置まで、Capitolレコー
ド制作部のセンスは完璧である。

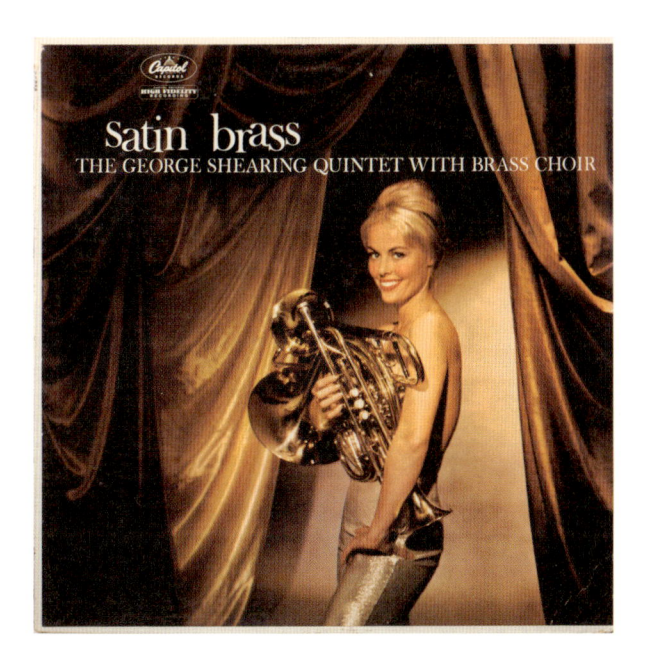

The George Shearing Quintet With Brass Choir

Satin Brass

Capitol T1326 / ST1326

1960

ジョージ・シアリングには1958年に『Burnished
Brass』というホーン楽器16本とクインテット
が組んだ作品があるが、これはその延長線上に
ある作品。シアリングのクインテットはラウンジ
なジャズだが、11本のブラスが参加した本作は、
ジャズというよりも吹奏楽団のようで面白みは少
ない。50年代末から60年代前半にかけて賑や
かなホーンを入れた作品が流行るが、それらは
スウィングのダンサブルさとは違って、なにか時
代の「イケイケ」気分だったように感じる。都
会的でもあったのだろうが、やはりうるさいのだ。
ブラスに合わせてゴールド色でカバー写真をディ
レクションしたCapitol制作部のセンスはさすが
である。

Bob Bain

Guitar de Amor

Capitol T1500 / ST1500

1960

ジャケ良し、音楽良しの見本のような作品。ボブ・ベインはハリウッドのスタジオ・ミュージシャンのギタリスト。トミー・ドーシー楽団のようなスウィング・バンドからネルソン・リドルのムード楽団まで、幅広く活動した。ジャジーだったりイージーリスニング風だったりするが、ともかく心地良い。アコースティック・ギターでラテンやクラシックもうまく取り込んでいる。ちなみに本作の前にリリースしたのが『Latin Love』というタイトルだ。全曲、ギター・ソロ。曲によって多重録音だが、ソロを感じさせない厚みがあって、これはたんに「美女ジャケ」というには惜しい作品だ。裏ジャケのイラストがまた素晴らしい！

Robert Maxwell

Harpist's Holiday

Harmony HL 7007

1957

ハープの弦の向こう側でぼやけて写る女性の顔という秀逸な写真。ロバート・マックスウェルはハープ奏者で、しかもこのアルバムはソロ演奏だからかなり地味で渋めだ。ジェローム・カーン＝オスカー・ハマースタイン・コンビの楽曲からフランツ・リスト、ドビュッシーなどのクラシックまでカバーしているが、やはりムード・ミュージックのアルバムとしてリリースされたものだろう。1957年の作品でムード・ミュージック黄金期、その幅の広さを感じさせる。リリース元のHarmonyレコードは1925年にColumbiaレコードのバジェット・レーベルとしてスタートした。戦前にかなりのSP盤をリリースしたが、12インチのフル・アルバムを制作し始めたのが1957年。本作はその年に制作された。

George Shearing With Orchestra and Choir

Concerto for My Love

Capitol T 1755 / ST 1755

1962

Photo：George Jerman

Capitolレコードの美女ジャケのほとんどはフォトグラファーやデザイナーの記載がないと思うのだが、この作品には珍しくCapitolフォトスタジオのジョージ・ジャーマンの名がジャケ裏にフォトグラファーとして記載されている。モデルは60年代前半に流行ったコンサバな感じの美女で、やはり50年代までの優雅で典雅な感じとはどこか違う。オーケストラとコーラスをバックにジョージ・シアリング・クインテットの演奏という定番だが、こちらも50年代のものとはどこか違う。コーラスが大仰になって甘くないのだ。そもそもラウンジ・ジャズとオーケストラとコーラスという組み合わせが陳腐化し始めていた。もっとイージーなイージーリスニングが勃興し始めていたし、若い世代はムード・ミュージックなど聴かなくなっていた。ここでのコーラスの大仰さは黄昏のレクイエムという感じがする。

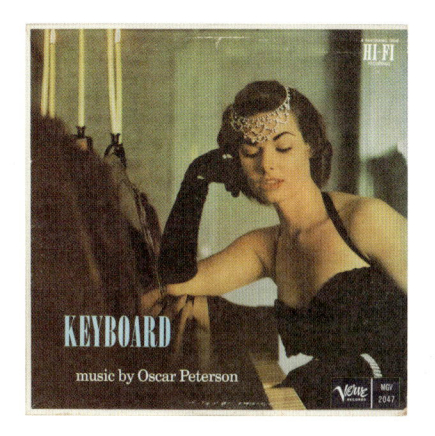

Oscar Peterson

Keyboard

Verve MGV-2047

1956

Photo：Alex De Paola

オスカー・ピーターソンの白人美女ジャケものの一枚。頭にティアラを冠した女性は、肩を出したドレスに長手袋をして正装である。いったいこれはどういうシチュエーションなのか？　黒人ミュージシャンは黒人女性をモデルにするべきなどという原理主義的思考はまったくないが、3作品も白人モデルで押されるとピーターソンがどう考えていたのか不思議に思えてくる。プロデューサーのノーマン・グランツの販売戦略だったのか？　ピーターソンは何も思わなかったのか？　父、ダニエルはアマチュアのピアニストでトランペッター。姉のデイジーはオスカーにクラシック・ピアノを教えた。ピーターソンはラグタイムとクラシックの双方に深く影響を受けて育った。音数が多いのはそれゆえのこと。ああ、ジャズ、クラシックその他、音数が多い作曲家・演奏家はどうにも苦手だ。ピーターソンはとくにテクニックを披露しがちで、その優等生ぶりがあまりジャジーではないと思っている。

The Dave Brubeck Quartet

Jazz：Red Hot and Cool

Columbia CL 699

1955

Photo：Richard Avedon

フランス六人組のひとりダリウス・ミヨーに師事したというデイブ・ブルーベックのセンスと才はもちろんだが、個人的にはアルトのポール・デスモンドの幾何学的音響の演奏が好きで、彼のリーダー作『Bossa Antigua』や『Easy Living』を愛聴してきたが、ブルーベックのピアノも幾何学的なのだ。ライヴ録音だが、なにげにバッハの旋律を少し入れたり遊び心が利いている。ちなみにカバー写真のピアニストはブルーベック本人で、撮影はリチャード・アヴェドン。裏ジャケのライナーノートでは、ヘレナ・ルビンシュタインの撮影などと化粧品メーカーがカメラマンかのように書かれているが、じつはヘレナ・ルビンシュタインとのタイアップだった。この年の同社のリップスティックのキャンペーンは「Red Hot and Cool」だったから、この撮影はルビンシュタイン側が全面的にバックアップしたのだ。モデルは当時、ドヴィマと人気を二分したスーパーモデル、スージー・パーカーだが、クレジットされてないのは遺憾。

Gordon Jenkins

Tropicana Holiday

Capitol T1048 / ST1048

1958

美女ジャケのサブ・ジャンルに「楽屋ジャケ」というものがある（とする）。西海岸ジャズのマーティ・ベイチの人気作『The Broadway Bit』がその代表作といえるかもしれない。高額すぎて再発盤しか持っていない。ゴードン・ジェンキンスの本作もショーガールの「楽屋ジャケ」のひとつで写真がとても雰囲気がある。タイトルにある「トロピカーナ・ホリデー」は1958年にラスベガスのトロピカーナ・ホテルで公演したレビューで、モンテ・プローザーがプロデュースし、ジェンキンスが音楽を担当した。あのジェーン・マンスフィールドのストリップティーズが含まれていたので公演は大ヒットし、音楽のほうもアルバム化された。ただ、他のジェンキンス作品と違って男性・女性の歌手が熱唱してまるでブロードウェイのミュージカルのよう。マンスフィールドは歌ってないのが残念。

René Touzet

René Touzet at The Crescendo

GNP 40

1959

ロサンジェルスの有名ナイトクラブ〈クレッシェンド〉の看板文字を替える女性というジャケットが、相当にイカしている。ジョナ・ジョーンズのブロードウェイ写真もの、あるいは〈クレッシェンド〉を背景にサンセット・ブルーバードで撮影したジョージ・シアリングの『On The Sunny Side Of The Strip』（次ページ掲載）と通ずるイメージだ。音楽プロモーターのジーン・ノーマンは、この〈クレッシェンド〉を所有しており、1954年には自らの名を冠したGNP Crescendoレコードを設立してジャズやラテンをリリースしていった。レネ・トゥーゼは1916年ハバナ生まれのピアニストで、オーケストラを率いてマンボ、チャチャチャなどを演奏したが、ピアノ演奏やアレンジはじつに素晴らしい。アメリカ市場向けに選曲されているが、キューバ音楽の神髄が詰まっている。

The George Shearing and The Quintet

On The Sunny Side of The Strip

Capitol T 1416 / ST 1416

1960

イメージの連鎖というものがある。この作品のカバー写真は、ジョナ・ジョーンズの『Swingin' on Broadway』のブロードウェイを歩くふたりの女性のヒップを思い起こさせる（次ページ掲載）。そしてジョージ・シアリングの名が冠された〈クレッシェンド〉の看板は、レネ・トゥーゼの『René Touzet at The Crescendo』のカバー写真で〈クレッシェンド〉の看板の文字を入れ替える女性の姿に直結する（前ページ掲載）。ホルターネックのタイト・ワンピースなど、まったく同じではないか！　そしてモデル撮影で難しいのは複数のモデルのいずれをも最高に撮ることだが、この作品は女性の仕草がふたりとも見事に決まった一瞬。美女ジャケの名作である。シアリングのピアノに、ハーモニカ奏者として知られるトゥーツ・シールマンスがギターで、ヴィブラフォンにエミル・リチャーズが参加し、ホットなライヴ演奏が聴ける。

The Jonah Jones Quartet

Swingin' on Broadway

Capitol T963 / ST963

1957

Photo：Joe Novello

イメージの連鎖というものがある。レネ・トゥーゼのアルバムで〈クレッシェンド〉の看板を替える女性の後ろ姿は、ジョージ・シアリングの『On The Sunny Side of The Strip』の路上の女性につながり、サニーサイドの女性のお尻はジョナ・ジョーンズのこのアルバムにつながる。ブロードウェイのネオンと女性のお尻が美しいジャケットだ。題材はブロードウェイ・ミュージカルのヒット曲を取り上げたもので、それゆえにこのタイトル、この写真となったわけだ。撮ったのはジョー・ノヴェロというフォトグラファー。『Swingin' at The Cinema』と近い写真だが、Cinemaのほうにはクレジットがないのでちょっとわからない。ジョーンズ作品のなかではモダンである。

The Jonah Jones Quartet

Swingin' at The Cinema

Capitol T-1083 / ST-1083 / 2LP-90

1958

『Swingin' on Broadway』と同じモデルか？と思わせるほどに似たような雰囲気のジャケット。ホルターネックのドレスにパンツ・スタイルが大好きで、ジョナ・ジョーンズの名は知らずに速攻で買ったものだが、音はルイ・アームストロング直系でかなりオールド・スタイルだ。ジョーンズは1930〜40年代に有名バンドを渡り歩き、SPレコードに多々、録音を残してきた。『〜Broadway』リリースの翌年にこちらの『〜The Cinema』をリリースしたのだから、こちらはハリウッドが舞台ということだ。収録曲はどれも映画の主題歌になったものを選んでいる。1957年にまだこんなオールド・スタイルが人気だったことにも驚かされるが、1970年代にいたるまでジョーンズのアルバムは人気でベストセラーともなったことには、もっと驚かされる。

Jonah Jones
I Dig Chicks!
Capitol T 1193 / ST 1193
1959

クレーンに乗った4人の女性にこのタイトル。いまならフェミニストから批判が来るかもしれない。Chickは「若い女性」とか「恋人」のような意味で、収録曲はすべて女性の名がタイトルに入ったものを選曲している。Chickは「ひよ子」のことでもあるので、裏ジャケでは、ひよ子の可愛いイラスト（どれも雌というか女性らしいメイクの）が描かれている。50年代とはこういう時代だったのだ。それにしてもジョナ・ジョーンズは黒人なのだが、なぜカバー写真には白人女性しかいないのか？　ひとりくらい黒人女性を入れても良かったろうに。それはジョーンズが白人ウケするオールド・スタイルのジャズをやっていたことにも因るだろうし、59年というのは、まだそんな時代だったのだ。

The Jonah Jones Quartet
A Touch of Blue
Capitol T1405 / ST1405
1960

かなりセクシュアルというか、いやらしいジャケットだと思う。3人の女性がシックなドレスを着ながらもそれぞれ背中と脚と胸の谷間を見せている。1960年リリースの作品だが、おおよそアメリカの50年代とはこういう抑圧されたエロティシズムのなかにあった。裸を見せるのは禁忌なので、隠しつつエロティシズムを発散するような。とはいえタイトルと添うように全体をブルーでまとめたセット撮影はさすがに美女ジャケの宝庫Capitolレコード、と唸らせる。これまでのカルテット編成に男女のスキャット・コーラスを入れてモダンな60年代テイストになっているところはちょっと驚かされる。よく聴くとバックはオールド・スタイルのままなのだが、これならヒットはするだろう。

The McGuire Sisters

While The Lights Are Low

Coral CRL 57145

1957

Photo：Wendy Hilty

マクガイア・シスターズを「美女ジャケ」扱いするのは無理があると思うが、それでもこのアルバムを掲載したのは、ひとえにカバー写真の「美女ジャケ」的クオリティによる。撮ったのは、本書に何度も登場するウェンディ・ヒルティ。『エスクァイア』誌などでも撮っているが、このカバー写真も3人の姉妹を覗くブラック・タイの洒落男を置くあたりに『エスクァイア』的ユーモアが効いている。マクガイア・シスターズは3人コーラスの最も高音のパートにメロディを置いたので、モダンで明るい。その前の時代のアンドリュース・シスターズが3人の中間のトーンにメロディを置いたのに比べると、やはりこちらのほうがモダンなのだ。

The McGuire Sisters

Chris, Phyllis and Dottie

Coral CRL 57052

1956

『While The Lights Are Low』（前ページ掲載）は、写真の「美女ジャケ」度から掲載したが、その前年にリリースされたこの作品はまるで50年代の商品宣伝カタログかのようにリアルなイラストが、美女ジャケと言うには微妙。ディック・ジェイコブスのアレンジは、少しスウィング・コーラスを引きずっている。「While The Lights Are Low」のアレンジとオーケストラを担当したマレー・ケーンは、そのスウィング色を一掃して、マクガイアをよりモダンに進化させたように思う。

The King Sisters

Imagination

Capitol T919

1958

シスターズものを美女ジャケ群に入れてよいかは疑問だが、キング・シスターズは4人がブロンドでピンナップ風情があった。おそらくブルネットを染めたものだったが。売れ始めたのは1930年代後半、グレン・ミラーの大ヒット作「イン・ザ・ムード」のヴォーカル盤を1939年に録音してからのことだ。この時期にブロンド・イメージを定着させている。音楽的には次女のルイーズがペダル・スティール・ギターのパイオニアといわれるアルヴィノ・レイと結婚したことが大きく影響した。レイはギブソンのエレクトリック・ギター開発に貢献した人物であり、彼のバンドは多くの有名ミュージシャンを輩出した。キング・シスターズが長命だったのは、音楽監督をつとめたアルヴィノ・レイの才能に因るところも大きい。

The King Sisters

Aloha

Capitol T808

1957

キング・シスターズは長寿一家だ。カバー写真に写っているマリリン、ルイーズ、アリス、イヴォンヌの4人の他、結婚引退した長女マリリン、四女ドナの姉妹六人はともに80代まで生きた。長女マリリンが没したのは2009年、97歳と姉妹で最も長命だった。1930年代にグループを結成し、その後、メンバーの結婚引退などがあってシスターズの顔ぶれは変わったりしたが、姉妹の両親はじつに多産家で4人体制は崩れなかった。ただし初期の「The Four King Sisters」のグループ名はシンプルなものに変更している。40年代にSP盤で多くの録音を残し、LP盤を制作した50年代後半は、じつはもうシスターズは十分に貫禄を持った年齢だった。このアルバムはエキゾ・ブームの最中に企画されたものだが、アロハをそのままやるのではなく、完全にジャズ化しているあたりは聴き応えがある。

Lawrence Welk and His Champagne Music

The Girl Friends

Coral CRL 57023

1956

Photo：Tony Guyther

「ガール・フレンド」ということで女性の写真をコラージュし、ガール・フレンド名をふっている秀逸なデザイン。よく見れば大小だけでなく左上部の女性はショーガールなのか長手袋に薄いドレスでエロティックだし、右下の女性はバスタオルを巻いていて、単調になりがちなグラフィックに変化をつけている。デザイン・クレジットはないが、写真にはトニー・ガイザーの名が。写真家としては無名だが、他のアルバム作品も残している。シュルレアリスティックなコラージュを制作し続けたアーティストのアンソニー・ガイザーと同一人物で間違いないだろう。1956年制作のこのアルバム・ジャケットとそっくりのものが翌57年に制作されている。ウォルター・シャーフの『Dreams by The Dozen』。デザインは本書でも何回も名をあげているJubileeレコード専属のシー・ライヒマン。どうみても剽窃だし、この「ガール・フレンド」のコラージュのほうが、構成的にも秀逸である。

Jackie Gleason

Music to Remember Her

Capitol W 570 / SW 570

1955

1956年作、ローレンス・ウェルクの「The Girl Friends」とよく似たデザインだが、リリース年はこちらのほうが一年早い。頭だけ切り抜きしているのは気色悪くなるはずなのに、さすがCapitolレコードのデザイン・チームはそこをヘアスタイルのカタログ広告かのようにお洒落にそつなく写真を撮ってうまくデザインしている。全16曲、それぞれ女性の名を冠したスタンダード曲で構成されている。ステラなら「ステラ・バイ・スターライト」といった具合に。ボビー・ハケットのトランペットが甘く心地良い。タイトル・フォントが1955年リリース作品にぴったりという感じだ。

Jackie Gleason

Lover's Rhapsody

Capitol H-366

1953

Photo : Sid Avery　Model : Jane Easton

1950年代初頭、コメディアン、俳優として人気を得始めたジャッキー・グリーソンがムード・ミュージックを制作するようになった理由ははっきりしない。タレントとしての上昇気流に乗って音楽にも乗りだした感じもなくはない。ともあれキャリアの初期からグリーソンは自身のスタイルを形成し始めた。（10インチも含めた）アルバム3作目のこの作品でも、すでに後年のグリーソン・スタイルは確立されている。カバー写真は1950年代からハリウッド・セレブたちを撮ったことで知られるシド・エイヴリー。何人かの女性を配置したようにみえるデザインだが、被写体は女優でメンズ・マガジンのモデルにもよく起用されていたジェーン・イーストンのみ。「欲望」「恋愛遊戯」「魅惑」「喜悦」という収録曲のタイトルに合わせてみれば、この4枚の写真で構成されたジャケのあざとさもよくわかる。

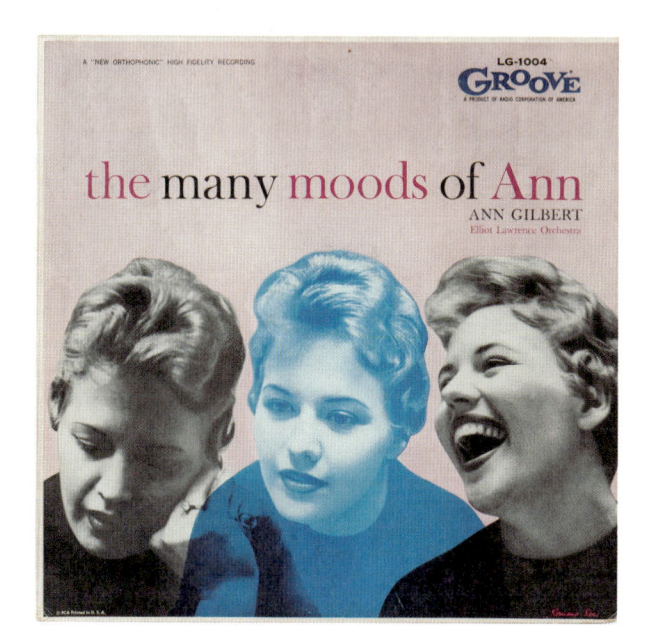

Ann Gilbert

The Many Moods of Ann

Groove LG-1004

1956

アン・ギルバートは2枚のアルバムだけで消えてしまったヴォーカリストだ。こちらが1956年にリリースされた最初の作品でギルバートの三通りの表情を重ねて、しかもセンターにブルーで配色したジャケットはじつに秀逸。翌年にVikレコードからリリースされた『In A Swingin' Mood』は、Vikらしい真っ赤な背景のスタジオでの撮影が印象的だ。それにしてもVikは、なんでこんなに赤色が好きなのだろう。ギルバートはとてもチャーミングなルックスだと思うが、歌は平板で凡庸だったと思う。ジャズ・ヴォーカリストと称する歌手はたくさんいたが、凡庸でない人はほんの少数だった気がする。その人たちは歴史に名を残した。泡と消えていった美人ジャズ・ヴォーカリストのほうが圧倒的に多い。

Anna Maria Alberghetti

I Can't Resist You

Capitol T887

1957

ジュリー・ロンドンのように美人の本人が歌って、カバー写真に写っているとなれば、ほんとうは美女ジャケとは言えない。「美女ジャケ」とは音楽や演奏者に関係なく、売るためのイメージとしてつくられた世界だから。イタリア出身のアナ・マリア・アルバゲッティも極めつきの美女だ。アナ・マリアに関して、何も知らない頃にこのアルバムを入手したとき、一曲目からそのソプラノの美しさに圧倒された。歌っているのはスタンダードの名曲だからクラシックではない、でも、十分にクラシカルだった。バックのヴァン・アレクサンダー楽団は、作品が少ない楽団だがじつに良いアレンジと演奏で支えている。裏ジャケのロマンティックなイラストまで、この頃のCapitolレコードのアルバム制作は抜かりがない。

Anna Maria Alberghetti

Warm and Willing

Capitol ST1379 / T1379

1960

イタリア出身のアナ・マリア・アルバゲッティは、オペラ歌手の父、ピアニストの母のもとに生まれ、13歳のときにNYのカーネギー・ホールの舞台に立ち、16歳のときにフランク・キャプラの『花婿来たる』（51）に出演した。19歳でMercuryレコードからデビュー、21歳のときにCapitolレコードから『I Can't Resist You』をリリースという恵まれたスタートを切った。しかもこの愛らしい容貌だ。歌はジャズやポピュラーというよりもクラシックやミュージカル風で、このアルバムでも小鳥がさえずるようなオペラ風技巧の歌も披露している。そこがいまひとつアメリカでポピュラーになれなかった要因かとも思う。バックはネルソン・リドル楽団と盤石だが、作品としては『I Can't Resist You』のほうが完成された世界観を持っていた。

Rusty Draper With David Carroll and His Orchestra

All Time Hits

Mercury Wing MGW 12103

1957

完璧ともいえる美女のちょっと口をひらいた一瞬の表情。陽光に満ちた美しさ。男性歌手、ラスティ・ドレイパーの甘い声にデヴィッド・キャロル楽団が伴奏をつとめ、完成された世界ができている。リリース元のWingレコードはMercuryレコード傘下のバジェット・レーベルで、本作のリリース年は不明だがレコード番号から推測すると1957年。秀作ジャケットの多かった年ならではのカバー写真だ。ラスティ・ドレイパーは50年代半ばにミリオン・セラーになるヒット・シングルを数枚出しているが、いまではほとんど忘れ去られてしまった。

Marian McPartland

With You in Mind

Capitol T895

1957

Photo：Ed Cornachio

マリアン・マクパートランドはロンドン生まれ、アメリカで活躍した女性ジャズ・ピアニストだが、このカバー写真は本人ではない。名門Savoyレーベルから1951年に33歳でデビュー。1955年に録音された『Marian McPartland at The Hickory House』はトリオ演奏でかっちりとバップ・テイストのジャズをやっていて格好いい。Capitolからの本作は、バックにはストリングスとハープ奏者マーギャレット・ロスを加えて甘くロマンティックなイージーリスニング・ジャズだ。ジョージ・シアリングがストリングスを加えたときと同じ路線ともいえるが、完成度の高い傑作。最後の「Greensleeves」は泣ける。カバー写真を撮ったエド・コルナチオは当時20代後半で、写真家としては有名にならなかったが、その後、ロサンゼルス郡美術館で長く写真部長をつとめた人である。

Roberto and His Orchestra

Anita My Love

Coral CRL 57154

1956

カバー写真は、フェリーニ監督の『甘い生活』（59）に主演したアニタ・エクバーグ。筆者はスウェーデン出身のこの女優のダイナマイト・ボディに圧倒されて、当時の欧米グラビア雑誌まで集めた。27年後、同じくフェリーニの『インテルビスタ』（87）に登場したときは、そのあまりの肉付きに言いようのない喪失感を感じたものだ。この作品はロバート・メリン作曲の「Anita My Love」をタイトルに使って、同じ名のエクバーグの写真を使ったというもの。裏ジャケのライナーノートでは、グレタ・ガルボから始まってイングリッド・バーグマン、マルタ・トーレンなど「スカンディナビア女優」の系譜を辿り、アニタ・エクバーグの詳細を書いているが、演奏しているロベルト楽団についてはまったく触れていない。なんということか……ちなみにこの作品はカバー写真の価値でかなりの高額になっている。

Roberto and His Orchestra

My Love for Jane

Coral CRL 57153

1957

1956年のアニタ・エクバーグ写真のアルバムに続いてロベルト楽団がリリースしたのがジェーン・ラッセルをカバーに使った『My Love for Jane』。これまたロバート・メリン作曲作品をタイトルに有名女優の写真をカバーに使ったものでCoralレコードもあざとい。ジェーン・ラッセルは自身のヴォーカル作品をMGMレコードから1958年にリリースしているが、アルバム・カバーにモデルとして出た作品も数多い。本作はそのなかでもヴィジュアルとしては秀逸なものだ。『ならず者』(43)で強烈なセックス・アピールをしたラッセルも『紳士は金髪がお好き』(53)で、マリリン・モンローにお株を奪われ始めた頃だが魅力的である。裏ジャケの解説は『Anita My Love』と同じナット・ヘントフ。『ダウンビート』誌のコラムなどで知られたこのリバタニアンの批評家は、演奏者にはまったく触れずにジェーン・ラッセルについてのみ語っている。どうでもいい形容たっぷり饒舌に。

Yvonne De Carlo

Sings

Masterseal 33-1869 / 1870

1957

イヴォンヌ・デ・カーロを知ったのは二十歳前後の頃にTVで放映された海賊モノ映画『海の無法者』(50)だった。女優デ・カーロが歌っているアルバムの存在を知ったのは1990年代のこと。新宿のDisk Unionで見つけて、何回か行って迷った末に買った。ジャケが微妙だったからだ。美女ではあるが美女ジャケとはどこか雰囲気が違う。デ・カーロの歌は堂に入っていてなかなかだが、アメリカのポピュラー・ヴォーカルによくあるタイプで面白みは少ない。リリース元のMastersealレコードは、1950年代に多くの美女ジャケレコードを制作しているが、写真もデザインもどこか垢抜けなくて、カタログを見ると、知ってはいるが買わなかったものが多いことに気づく。

Martin Clark and The Cheltenham Singers

A Million and One

Wyncote W-9168 / SW-9168

1967

1967年リリースのアルバムだが、ジャケット・デザインは50年代末から60年代前半のような感じだ。これはムード・ミュージックではなく甘くポップなR&Bである。Wyncoteレコードは、Cameo-Parkwayレコードのバジェット・レーベルとして1964年にスタート。親レーベルのアーティストのコンピレーション盤を制作して売っていた。このアルバムのマーティン・クラークは同名のClarionレコードの創設者とは関係なさそうだが、詳細は不明。チェルトナム・シンガーズは、Cameo-Parkwayレコードでいくつもの7インチを出していたR&Bグループで、このアルバムはまったくムーディではなく、全編ヴォーカルとコーラスの作品である。といって悪くもないのだが、どうにも60年代前半の感じだ。

Baden Powell

El Maravilloso Sonido De Baden Powell

1973

Belter 22.710

Photo：Laguens

ブラジルのギタリスト、バーデン・パウエルの数多くのアルバムのなかでも最も聴いたのはアメリカで2LPとして発売された『Canto on Guitar』だった。『All The Things You Are』の素晴らしいトリオ演奏が入っている。Elencoレコードからの作品はどれもジャケット・デザインが秀逸だったが、あまりに高くて再発盤しか持っていない。この作品は1973年に制作されたもので、本書で扱っている美女ジャケの範疇からは若干外れるのだが、ブラジル音楽やボサヴァには意外と美女ジャケが少ない。フォントの洗練度まで見ていくとやはりアメリカのレコード会社のデザイン力は圧倒的に強いのだ。このアルバムのいかにも70年代的なフォントは垢抜けないが、海の夕景と美女の合成写真は感興をそそるし、アルビノーニの「アダージョ」を取り上げたりと選曲も良く、カバー写真と音楽があまりにぴったりとハマっているところに一種の感動を覚えるのだ。けっしてバーデン・パウエルの最良の作品ではないにもかかわらず。

Shelly Manne & His Friends

My Fair Lady

Contemporary C 3527 / S 7527

1956

Photo：Phil March　Design：Guidi / Tri-Arts

モノラル録音のオリジナル盤のジャケットはなかなか良いのだが、ステレオ盤はCapitolレコードでもよくあるように上部を横切って白地に「STEREO」の文字を入れてデザインを台無しにしている。写真はフィル・マーチ、デザインはContemporaryレコードでいくつもの素晴らしいデザインを残したロバート・グイディと彼のスタジオ、Tri-Artsだから出来は良い。ドラムのシェリー・マンもピアノのアンドレ・プレヴィンも西海岸ジャズ界のビッグネームだが、筆者はアンドレ・プレヴィンのピアノが嫌いである。クラシック作品も多々残した多才なプレヴィンを批判する人はほとんどいないし、蠱毒を買うのも承知のうえだが良かったものがないのだから仕方ない。才能はあってもセンスがないとはプレヴィンのようなピアノのことを言うのだと思う。

Otto Cesana and His Orchestra

Sugar and Spice

Columbia CL 6261

1953

オットー・セサーナ楽団は『Ecstasy』という美女ジャケのフル・アルバムを1952年にリリース。美女が横たわる素晴らしい写真とデザインだが、あまりにもレアすぎてみつからない。楽曲は全曲聴いたがストリングスがスペクタクルでレス・バクスターの一部の劇的な楽曲と似ている。こちらの10インチ盤は『Ecstasy』と似ているがもっと洗練されていて良いし、なぜか入手しやすい。このあとデザイン・センスが抜群な『Voice of Venus』という美女ジャケものをリリースするが、彼の経歴はコロンビアからの数少ないアルバムだけで終わってしまう。作曲とアレンジもオットー・セサーナによるものだから、この作品数の少なさはちょっと惜しい。

The Jay Gordon String Orchestra

Music for A Lonely Night

Tops L1524

1957

ジェイ・ゴードン・ストリング・オーケストラはTopsレコードで9枚の作品を残して、他のレーベルからは出していない。そのうち8枚が美女ジャケというのも珍しい。『Silhouettes』というアルバムは大きな暖炉でくつろぐ男女の素晴らしいカバーだが、これはどうしても縁がなかった。本作は8作品のなかで二番目に良いカバー写真だ。ちょっとエロジャケっぽいが、真っ赤な口紅をした赤毛のモデルに赤いランジェリーとコーディネイトは考えられている。音楽のほうは管楽器も交えたストリングス・ミュージックで選曲もアレンジも可もなく不可もなしで、印象は薄い。ジャケの紙質がコーティング紙ではなくザラ紙的なテクスチャーがあって良い。

Gordon Jenkins and His Orchestra and Chorus

P. S. I Love You

Decca DL 8109

1952

このジャケットを最初に見たとき、いかにも60年代風のデザインなのに、モデルは50年代風だと思ったが、それがとんでもなく見当違いだったことをのちに知る。なんと1952年リリースだったのだ。タイプライター・フォントがこんなふうにモダンに使われていたとは！（モダン・ジャズ界隈では50年代によく使われていたが、ムード・ミュージック界隈ではなかった）しかもモノトーン写真に薄い藤色を敷いてイエローと白抜きの文字。写真も多重露光と凝っている。どう調べてもデザイナーや写真家が不明なのは残念だ。曲はジェンキンスの作品とジェローム・カーンなどのスタンダード。男性・女性ヴォーカルや女声コーラスが入って甘くロマンティックな世界で、ジェンキンスがヒット作家だったことが納得させられる内容。

Bobby Hackett

Dream Awhile

Philips BBL 7503 / Columbia CL 1602

1960

Photo：Gary Gladstone

1955年にリリースされたボビー・ハケットのリーダー作『In A Mellow Mood』（P.135掲載）の古典美のようなモデルの表情に比べるとずいぶんモダンな表情のモデルといった印象を受ける1960年の作品。ハケット節は相変わらずだが、こちらのほうがジャッキー・グリーソン楽団的ムード・ミュージックで、グリーソンのもとでプレイしている作品とあまり代わり映えがしない。スウィング・エラからムード・ミュージック黄金期を経て、ウーリッツァーのパイプ・オルガンをメインの伴奏に黄昏れた印象で、カバー写真のモダンな美女とは、ちょっとちぐはぐな感じだ。この写真はむしろジョージ・シアリングに向いているように思える。カバー写真を撮ったゲイリー・グラッドストンは1960年代に多くのジャズ・アルバムで活躍した。ウォルター・ビショップ・ジュニアの『Speak Low』のジャケットが有名だ。

Ames Brothers With Bill Finegan and His Orchestra

Sweet Seventeen

RCA Victor LPM-1487 / LSP-1487

1957

Photo : Ben Rose

エイムズ・ブラザーズは、戦後すぐにナイトクラブや米軍施設で活動し始めた4人組コーラス・グループ。1960年に解散するまで男性コーラス・グループとしては絶大な人気を誇った。たとえばハイ・ローズという4人組男性コーラス・グループも同時期に活躍し、素晴らしい作品を残しているがちょっとツウ好みなところがあり、エイムズ・ブラザーズのほうが大衆的な雰囲気だ。ジャケも美女ジャケものがいくつかあり、そのあたりもセールスを考えてのことだろう。いかにもスウィートでセブンティーンらしいカバー写真を撮ったベン・ローズはジャズ・アルバムで多くの作品を残した。ジャック・モントローズのホーンから美女が出ている『The Horn's Full』（58）のジャケット写真などが美女ジャケ界隈では人気だ。

The Norman Luboff Choir

Remember

RCA Victor LPM-3400 / LSP-3400

1965

完璧なモデル・フォト、完璧なコーラスの調生をみせた『But Beautiful』（P.22掲載）のリリースが1959年。1965年にリリースされたこちらは、同じことをやっているのに何か違う。50年代の保守的に整合されていた調和が崩れてしまった感じが表れている。カバーの美女のスカーフ部分にコラージュされたあまり存在感のない男性は、ノーマン・ルボフではなく、ただのモデル。この所在なさがアルバム全体にも表れているのが不思議でもある。ソフト・サウンドのジャズ・ピアニストとして人気のあったポール・スミスが参加している。

Armando Trovajoli

Softly

RCA Italiana LPM 10064

1959

本書はオリジナル盤のコレクションのみを掲載する方針で編纂したものだが、例外的にいくつか再発盤を入れている。アーマンド・トロヴァヨーリの本作は国内盤だ。レコード本を作るのにトロヴァヨーリが一作も載ってないのは、どうにも残念。でも1959年にイタリアでリリースされたオリジナル盤はみたこともないし、たぶん買える値段でもないだろうから例外とさせてもらった。1990年代の「サバービア・スーツ」ブームのなか、映画『黄金の七人』（65）の音楽を担当したトロヴァヨーリ作品は、国内外で復刻リリースされて大ブームになった。映画音楽以前はジャズをやっていた多作のトロヴァヨーリだが、どれを聴いてもハズレがない。それはエンニオ・モリコーネやピエロ・ウミリアーニ、リズ・オルトラーニなどイタリアの作曲家の多くに当てはまるものだ。スタンダード作品ばかりのなか、唯一のトロヴァヨーリ作曲作品「フォギー・ナイト」が最も良いというのは彼の才能を物語っていると思う。

Jackie Gleason

Oooo!

Capitol W 905 / SW 905

1957

「Oooo!」のタイトル通り、女性の「ウウゥ〜」というスキャットをメインに構成された作品。ジャケットの女性の口つきがそれを表している。あまり美人とは言えない気がするが、とてもインパクトのある写真だ。ジャッキー・グリーソンは音楽家ではないので、スキャットは彼のイメージをコーラスを指揮したアーティ・マルヴィンが具現化したものだ。乾いたトニー・モットーラのギターがさらに浮遊感を増す。このアルバムはグリーソン作品のなかで唯一、スペース・エイジ・バチュラー・パッド・ミュージックとしてのちにモンド・エキゾ・ラウンジ界隈で人気となる。1957年の作品だからグリーソンもスペース・エイジ的なものを狙ったのだろう。嗅覚のある人だ。

Maria Creusa

Doce Veneno

RCA Victor 103.0251

1978

マリア・クレウザのこのアルバムを偶然、下北沢のレコ屋で見つけたとき彼女のことは何も知らなかった。ともかく半開きの唇と目線にヤラれて迷わず購入した。これは当人なのか？　モデルなのか？　ブラジルのオリジナル盤だったのにかなり安かった。聴くとクレウザのサンバ・カンソーンはすべてが素晴らしく、ここから彼女のレコード集めが始まり、ほとんどを揃えたと思う。わずかなエロ心から買ったレコードがこれほど豊穣な世界をもたらすなんて、誰が想像できただろう。クレウザの作品にも善し悪しがあって、すでに手放したものもあるが、ストリングをバックに入れてロマンティックなこの『Doce Veneno』はいつ聴き直しても素晴らしい。

Zarah Leander

Welterfolge Mit Zarah Leander

Elite Special PLPS 30075

1983

ツァラ・レアンダーはマレーネ・ディートリッヒ
がアメリカに渡ったあとのドイツ映画界の大ス
ター。1936年に国策映画会社ウーファと3本の
出演契約を結び、順調にスター街道を歩むが、
それはナチ時代の映画ということであり、戦後レ
アンダーの知名度が国際的には低いものになっ
たことの素因となった。1937年のデトレフ・ジー
ルク（ダグラス・サーク）監督の『世界の涯て
に』、『南の誘惑』は世界的に大ヒットし、日本
でもソフト化（VHS）されたがサーク作品なら
ではの秀作である。レアンダーは歌っても逸品
で多くのレコードを残している。これは83年に
フランスでリリースされたアルバムだが、録音は
30年代からのものをまとめたもの。カバレット・
ソングなどドイツ軽文化特有の歌い方は独特の
ものがある。カバー写真は40年代くらいに撮ら
れたものと推測するが不明。

Jessica Dragonette

With Love Jessica Dragonette

Totem Totem 1029

1977

ジェシカ・ドラゴネットは1920年代からラジ
オで活躍し始めたポピュラー・シンガーで、オ
ペレッタ風のクラシカルな歌い方が人気となっ
た。SPや10インチでリリースされた1940年代
くらいまでの吹き込みをまとめてLP化したのが
1977年のこのアルバム。当時のレトロ気分がこ
ういう録音を復刻させた。「Speak To Me Of
Love」とクレジットされた曲はリュシエンヌ・ボ
ワイエが1930年に録音したシャンソンで、原題
は「Parlez Moi D'amou（邦題：聞かせてよ、
愛の言葉を）」。泣けるような名曲中の名曲だが、
ドラゴネットの録音もとても良い。1930 ～ 40
年代のポピュラー・ソングの雰囲気がよく伝わる
素晴らしい作品。

Maria Creusa

Sessão Nostalgia

RCA Victor 110.0004

1974

ブラジルの歌手、マリア・クレウザはその妖艶なカバー写真をレコ屋で偶然見つけてからファンになったが、歌唱のセンスにもハマってその後は一直線に集めまくることになる。ブラジル音楽のディスク本などもいくつか刊行され、ボサノヴァから大きく視界が広がった時期のことだ。アメリカでリリースされたものは、比較的容易に入手できたが、ブラジル盤は価格のこともあって、そう簡単ではなかった。この『Sessão Nostalgia』＝ノスタルジア・セッションを最初に見たときは、夏木マリではないか！　と思ったが、ふたりの活躍が同時期だったからファッションもヘアメイクも似ていたということだ。1974年前後のこのノスタルジックなファッション感覚は大好きだ。ヘアメイクからクレウザの美人度まで言うことはなし、アコースティックからストリングス、電子ピアノまで入れたバックの演奏も素晴らしい。Wジャケット見開き内側が全面クレウザの全身写真でポスターになりそうな迫力。

Maria Creusa

En Vivo

RCA Victor AVS-4248

1974

マリア・クレウザはヤマハ音楽振興会が主催していた「世界歌謡祭」に1974年、79年と来日、出場したので、国内盤もけっこうリリースされた。しかし国内盤の出ていないジャケの良いブラジル盤は高かったし、こちらのアルゼンチン盤はもっと入手しづらかった。ライヴ音源をレコード化したものだが、興味はジャケットだった。同年にリリースされた『Sessão Nostalgia』のアタマに巻いたヘアバンドも、カーリーなヘアスタイルも、さらにまつげの具合もまったく同じに見えたから。やっと『En Vivo』を入手してみると『Sessão Nostalgia』撮影時の別カットで間違いない。日本でJUNというブランドが「クラシカル・エレガンス」と謳って宣伝していた時期のファッションそのもので、ヒッピー・ムーヴメント終焉後のノスタルジー回帰のスタイルはいまみてもお洒落だと思う。美女のクレウザが「イパネマの娘」の作詞等で知られるボッサの立役者、ビシニウス・ジ・モラエスの愛人だったことを知ったときはモラエスに強烈な嫉妬心を感じたものだ。若かった。

Percy Faith

Continental Music

Columbia CL 525

1953

Photo : Bill Bell

パーシー・フェイスは、1960年に初来日公演して以降、何度も日本公演を行い、日本でもとても人気で知名度が高かった。イメージとしては60年代以降のイージーリスニングなのだが、1908年生まれ、最初の10インチ・アルバムは1947年に制作という古株だ。フル・アルバムは53年制作のこの『Continental Music』が最初だが、デザインがじつに良い。美女写真のラフな切り抜きとイラスト、Continental Musicの文字の遊びは50'sデザインの精髄に思える。しかも3色しか使ってないのだ！ 選曲は世界の都市にちなんだもので、これは1956年以降のジェットセッター気分の先取りだ。演奏はムード・ミュージックというよりもイージーリスニング。この微妙な違いを言葉にするのは難しいが、何かが違う。よりエレベーター・ミュージック的と言えばよいのだろうか。

Carmen Cavallaro

Music at Midnight

Decca DL 8115

カーメン・キャバレロは、日本でもかなりのアルバムがリリースされたイージーリスニングのピアニストだが、彼を世界的に有名にしたのは映画『愛情物語』(56)での演奏だろう。実在したピアニスト、エディ・デューチンをタイロン・パワーが、その恋人をキム・ノヴァクが演じたメロ・ドラマ。キャバレロの演奏は装飾音が多くうるさい。華麗だ、流麗だといわれるが基本的にムード・ミュージックではなくイージーリスニングだと思う。このアルバムを入手したのはジャケの秀逸さに惹かれて。モノトーンの写真の周りにブルーグリーンを乗せ、そこから垣間見える女性だけを白黒のままに。インパクトがあり洗練されたデザインだ。

Robert Maxwell His Harp and Orchestra

A Song for All Seasons

Decca DL 4609 / DL 74609

1965

ロバート・マックスウェルは10歳のときにハープを始め、高校生のときに奨学金を得てジュリアード音楽院に入学、17歳でナショナル交響楽団の最年少メンバーとなった秀才だ。ハープ演奏だけでなく作曲にも優れ「Shangri-la」などのヒット曲がある。これはジャッキー・グリーソン楽団の演奏でもよく知られた名曲。マックスウェルのソロ作品『Harpist's Holiday』(P.140掲載)はジャケも内容も渋い作品だが、1965年にリリースされたこちらは、60年代的ポップさに溢れたカバー・デザイン。できるだけ50年代のアルバム中心で構成している本書でもこういうジャケットは見逃せない。ハープ中心だが、楽団演奏でポップ感もあるのでとてもモダンだ。ちなみに筆者が最も好きなハープ奏者は黒人の女性ハーピスト、ドロシー・アシュビーである。

The Boskovsky Ensemble, Willi Boskovsky

Vienna Bonbons:

A Confection of Rare Old Vienna Dances

Fontana BIG303-L

1960

Photo : Lidbrooke

Gown : Susan Small

クラシック音楽のジャケットには美女を配した
ものもたまにあるが、多くは洗練されていない。
タンゴのアルバムも美女ものが多いが、どこか
それらと近いものを感じる。いまでは市場価
値がほとんどないところも似ている。美女ジャケ
とは、やはりアメリカでCapitolレコードを筆頭
に洗練の極みを探求してきたカバー・デザインの
ことだろう。このアルバムは配色もフォントも素
晴らしいセンス。裏ジャケにはフォトグラファー
とモデルのドレスの提供先がクレジットされてい
る。こういうところをみてつい買ってしまうのだ。

Edmond Appia, Felix Prohaska

Handel:

The Royal Fireworks Music The Water Music

Fontana BIG304-L

1960

Photo : Lidbrooke

『Vienna Bonbons』と同シリーズ。音楽的に
はヘンデルを取り上げたこちらのほうが好みだ。
どちらのカバー写真にも言えることだが、ヘア・
スタイルも完璧に仕上げて、写真からスタイリン
グ、ヘアメイクまで有能な人たちが関わったこと
を感じさせる。筆者は長年、クラシック音楽の
CDジャケット・デザインをしてきたが、こんな
ふうにお金をかけて絵作りをするのは、もうあり
えない。『Vienna Bonbons』はワルツだから
飛ぶようなイメージで小鳥を配し、ヘンデルに
は管楽器を配しといったアートディレクションの
完璧さに唸らせられる。

Jackie Gleason

All I Want for Christmas

Capitol STBB-346

1969

ジャッキー・グリーソンによるクリスマス・ソング集。クリスマスなら多少、ウキウキする演奏があるかと想像するが、まったくない。子どもなどお呼びでないのだ。それはカバー写真のモデルの胸元の開いたコスチュームでもわかることだが、これは大人のためのクリスマス・ソング集なのである。恋人なり妻なりとしっとりとロマンティックに、そして多少はセクシーに過ごすクリスマスの音楽だ。しかも2枚組だから、聖夜も長い夜になりそうだ。1969年のアルバムだが、グリーソンが提供しているのは50年代とまったく変わらない雰囲気。これを職人芸とするか保守反動とするか、微妙なところだ。

George Shearing

Goes Hollywood

MGM SL-5004

1960

Photo : Cornell Lucas

ジョージ・シアリングのMGM時代の録音を1960年に日本独自にコンパイルしてリリースしたもの。前年の59年に米MGMから同タイトルのアルバムがリリースされているが、収録曲が微妙に違う。ちなみにこちらの作品はDiscogsにも記載がなく、どこを当たっても詳細はわからなかった。ジャズ評論家の瀬川昌久が的確なライナーノートを書いている。写真はコーネル・ルーカスのクレジットがあるが不明。提供しているのがTOWAフィルムとクレジットがあるから川喜多かしこの東宝東和からの映画スチール写真と思われるが、何の映画からのスチールかはわからなかった。謎だらけの日本コロンビア盤である。

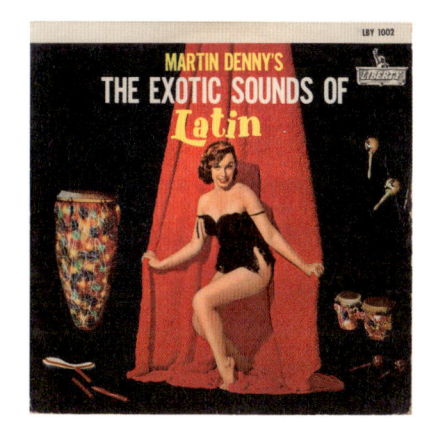

Martin Denny

The Exotic Sounds of Latin

Liberty LBY 1002 / SLBY 1002

1961

マーティン・デニーのヒット作品をコンパイルして日本の東芝音楽工業が1961年にリリースした企画盤。オリジナルを基本とする本書で例外的に収載したのは、ジャケット写真による。マーティン・デニーのオリジナル作品のジャケットのどれもが洗練された美女ジャケで、それゆえにどこか「抽象化」されたところがあるのに比べて「肉体」を前面に出したこのカバー写真は、直截に脳髄に響くような女体、ラテン、ダンスといった単純明快さがある。日本でもストリップティーズが人気だった頃だから、このカバー写真は正解だったのだ。

Great Jazz Artists Play Compositions of George Gershwin

Great Jazz Artists Play Compositions of Harold Arlen

Great Jazz Artists Play Compositions of Irving Berlin

Riverside

1961

Design : Ken Deardoff   Photo : Frederick Smith

Riversideレコードが企画した作曲家シリーズ。レコード店で一枚のみ入手したときには、ちょっと不思議なデザインと思った。最初に赤いドレスのハロルド・アレンを、次に別シリーズの頭部、リチャード・ロジャーズを入手。つながっているようでつながらない。肩のラインは合っているのだ。3枚でワンセット、2シリーズあると知ったのは、この接合の不具合を調べてから。Fantasyレコードからの再発盤はまだ入手しやすいが、Riversideのオリジナルだけでシリーズを揃えるのは大変だ。ちなみにこの3枚でオリジナルはガーシュイン作品のみである。

Great Jazz Artists Play Compositions of Richard Rogers

Great Jazz Artists Play Compositions of Cole Porter

Great Jazz Artists Play Compositions of Jerome Kern

Riverside

1961

Design : Ken Deardoff   Photo : Frederick Smith

Riversideレコードのジャケット三連企画は、Fantasyレコード再発盤ではタイトル・フォントの影付けがなくなり、よりモダンになったが、ジャケットの紙質は安っぽいものになった。元々裏ジャケにはデザイナーとしてケン・ディアドフの名がクレジットされていたが、再発盤には表にフォトグラファー、フレデリック・スミスの名が記載されるようになる。企画ものだが、どのアルバムも一流どころのプレーヤーの演奏をコンパイルして聴き応えある内容になっている。

Diana Dors

Swingin' Dors

PYE Group NPL 18044

1960

ダイアナ・ドースは「イギリスのマリリン・モンロー」といわれ、ヴィジュアル的にはそこそこ知られているのかもしれないが、映画で知っている人はどれくらいいるのだろう。彼女の最盛期である50年代の出演作品は、ほぼ日本ではソフト化されていない。主役を張って最も評価の高い『Yield to The Night』（56）は日本未公開で邦題さえない。これはイギリスからDVDを買って観た。そんなダイアナ・ドースだが、唯一のアルバムが1960年リリースの本作。イギリスではPyeレコードから観音開きの特殊仕様でリリースされて、これはかなり高い。ふつうの仕様にして米Columbiaからリリースされたものもそこそこの値はする。途切れることなく中古市場に出るということは、それだけ人気があるのだろう。日本のマニアックなレーベル、Normaレコードが Pyeのオリジナル盤を仕様もそっくりに2000年に復刻リリースしたものが、ここに掲載したものだ。レコ屋で見て即買った。ダイアナ・ドースは3回結婚し、52歳で卵巣癌で亡くなった。その生涯はモンローとジェーン・マンスフィールドを足して二で割ったような気がしてならない。

Si Zentner and His Orchestra

Exotica Suite

Liberty LMM-13020

1962

マーティン・デニーのほとんどのアルバムでモデルをつとめたサンドラ・ワーナーを片隅に配しただけのこのアルバムを「美女ジャケ」に入れていいのか迷ったが、ともかく作りが凄いので掲載した。半折りボール紙の左半分にはなんと布が貼り付けられているのだ。1962年の作品だが、いったい何枚リリースされたのだろう？　楽曲はエキゾチカの生みの親ともいえるレス・バクスター。マーティン・デニーが大きくクレジットされているが、サウンドはデニー的ではない。トロンボーン奏者のサイ・ゼントナー率いる楽団がかなり賑やかにジャジーに演奏しているが、ポリネシアン・ミュージックにホーン楽器はないのだからエキゾ風味付け程度でしかない。でも、バクスターの楽曲の素晴らしさが補って余りある。

Danielle Darrieux etc...

Sonorama

No 21 Juillet

1960

ソノラマというと日本では「朝日ソノラマ」が有名だが、フランスで1958年に創刊されたこちらのほうが早い。そもそもソノシートというものを知らない世代のほうが多いかもしれない。ソノシートはフランスのS.A.I.P.というメーカーが開発した薄いビニールのシート状のレコード盤で、紙と同じように本に挟んでもかさばらなかった。音質は良くないが割れることもなく、コストも安いので一時期流行した。筆者が子どもの頃には映画音楽のソノシートとスチール写真を一緒にした最新映画音楽のようなタイトルの冊子が家にあった。このフランス盤ソノラマは女優や歌手の歌のほかに時事的な演説やインタヴューなどを写真とともに掲載したもので6枚のソノシートが付属している。製本から切り取らなければいけないので、じつは聴いていないのだがダニエル・ダリューの歌のほかにもジーン・セバーグの音源などが収録されている。それにしても表紙の文字の配列の洗練されかたには感服する。

Greta Garbo

Garbo!

MGM E-4201 P

1964

グレタ・ガルボは歌わない。それでもレコードが出た。ガルボが出演したトーキー映画のなかから彼女が喋っているシーンを収録したもので、音楽は一切ない。いまならなぜそのようなものが？　と思うだろうが、リリースされた1964年にはまだビデオは存在しない。だから映画館やTV放映以外でガルボの映像や声に接することはできなかった。声を聴けるだけでもファンは幸福だったのだ。それにこのジャケットで中には収録音声の各映画の写真や台詞がブックレットとして収載されている。映画ファンはこういうもので十分に幸福になれたのだ。

Marlene Dietrich

At The Cafe De Paris

Columbia ML 4975

1954

マレーネ・ディートリッヒの数多くの録音のなかでこれがベストというわけでは、けっしてない。20年代後半のベルリン時代のSP盤吹き込みをLP化したものがベストだと思うし、全曲ドイツ語で歌った1966年リリースの『Marlene Dietrich's Berlin』などのほうが良いと思う。このライブ・アルバムは54年リリースだが、昔のロビー・シートか絵はがきのような着彩のジャケがとても良くて掲載した。これは1940年代に開発され、コダックが技術を買い取った「flexichrome」という技法で着彩されたもの。このときディートリッヒはすでに53歳だった。

Jeanette MacDonald

Tonight or Never

Mac/Eddy Records JN112

1986

ジャネット・マクドナルドは、1919年にブロードウェイで初舞台を踏んだ歌って踊れる女優だ。1929年、エルンスト・ルビッチ監督の『ラブ・パレード』で、映画初出演にして主演をかちとり、スターダムを駆け上がってゆく。30年のやはりルビッチ作品『モンテカルロ』などはセットがモダンなアール・デコ様式で、その美しさに溜息が出たものだ。何本もの映画でその歌声が聴けるし、1970年代から80年代にかけてSP時代の録音はLP化された。そんな流れのなかでリリースされたこのアルバムだが、歌ではなく台詞の録音である。リリース元のMac/Eddyレコードは、ジャネット・マクドナルドとやはり俳優・歌手のネルソン・エディのファン・クラブのようなもので、ふたりの音源を80年代にリリースしていった。それと知らずジャケ買いして聴いて落胆したが、ジャケのマクドナルドの笑顔を見ると売るに売れないのだ。

Danielle Darrieux

Petite De La Rue

Pathe PAM 67.110

1963

Photo : Sam Levin

フランスの女優ダニエル・ダリュー、とくに戦前の彼女に恋してさまざまなものを集めた。ブロマイドから日本での映画ポスター、フランスでの写真集、そしてレコード。2017年に100歳で亡くなったが、90歳くらいまで現役だった。彼女が最も美しかったのは戦前の『背信』（36）と『暁に帰る』（38）だと確信しているが、そんなときに戦争によってダリューの活動は途絶える。戦後、すぐに復帰するものの、あの初々しさは残念ながら消えてしまった。シャンソンも一級で何枚ものレコードを残したが、ろくなジャケットのものがない。これは63年リリースだからすでに40代後半だが、とても美しく良い写真だ。撮ったサム・レヴィンは、ロシア出身のフォトグラファーでフランス映画界の女優・男優の宣伝用スチール・フォトの撮影で知られる。ブロマイド風写真ではあるが、どれも質が高い。

Jane Russell

Jane Russell

MGM E3715 / SE3715

1958

ジェーン・ラッセルが最も魅力的だったのはデビュー作の『ならず者』（43）や『腰抜け二挺拳銃』（46）あたりだったと思う。衝撃的だったはずの『ならず者』もハリウッドの検閲でかなりカットされたあとのものしか流通しておらず、いくつかのスチール写真のほうが刺激的だったりする。ラッセルは熱心なクリスチャンで、ハリウッドのクリスチャン・グループで一緒だったメリル・デイヴィスやコニー・ヘインズと3人で組んで54年から音楽活動をしており、3人でのアルバムも出している。その成功が59年のこのソロ・アルバムにつながった。しかもバックはビリー・メイ楽団だから一級だ。

Maureen O'Hara

Love Letters from Maureen O'Hara

RCA Victor LSP-1953 / LPM-1953

1959

Photo : Garrett-Howard

モーリン・オハラは二十歳前後の頃に猛烈に好きになった女優だ。その頃、TVの深夜放送では古い映画がずいぶん放映されていた。海賊ものやシンドバッドものなどコスチューム映画で目を惹いた。このアイルランド系女優は完璧な美女に思えた。日本ではついにソフト化されなかった『バグダッド』（50）という映画はアメリカでビデオを買ったくらいだ。そんなオハラはじつは歌も歌えてレコードも出していた。1959年リリースのこの最初のアルバムは、バックをボブ・トンプソンの楽団が担当してセンスは良いのだが、モーリン・オハラの歌がちょっと魅力に欠ける。写真はジャケット・カバーに多くの作品を残したギャレット＆ハワード。

Picture Disc

Marlene Dietrich

Lili Marlene / Lola

Maybellene

1987

1930年の映画『嘆きの天使』でディートリッヒ本人が歌っている「ローラ」とずっと後年の録音の「リリー・マルレーン」が収められている。「リリー・マルレーン」は周知の人も多いと思うが、ララ・アンデルセンの吹き込みで第二次世界大戦中にラジオ放送されて厭戦歌としてヒットした曲である。アンデルセンの吹き込みは他の曲も含めて国内盤もリリースされた。とても良い。ニュー・ジャーマン・シネマの旗手と言われたライナー・マリア・ファスビンダーはハンナ・シグラ主演で『リリー・マルレーン』(81)をつくった。ファスビンダー作品はほとんど良い。「リリー・マルレーン」が後世に残した世界は広い。

Rita Hayworth

Rita Hayworth

Hitland S.r.l. SML 017

リタ・ヘイワース主演の映画『ギルダ』(46)は、衣裳のエロティシズムという点で、神話的作品だと思う。二十歳そこそこの頃、TV放映で『ギルダ』を観て以降、リタ・ヘイワースものを集め続けてきた。彼女は歌える女優なので、LPもCDもリリースされたが、まさかこのようなピクチャー盤に出会えるとは！　A面1曲目は『ギルダ』で歌われたラテン風の「Amondo Mio」だからグッとくる。1942年から47年までの録音、10曲構成。2000年代初頭のリリースだったと思う。

Julie London

Cry Me A River / February Brings The Rain

Edsel

1983

イギリスのEdselレコードは80年代によくこういう企画物をリリースしていた。この写真からすれば当然、オリジナル作品『Julie is Her Name』からのカップリングと思うが、B面は『Calendar Girl』に収録された『February Brings The Rain』。ジュリーの夫、ボビー・トゥループ作曲のなかなか佳作。

V. A.

The Girl Can't Help It

All Round Trading PD 1050

1985

ジェーン・マンスフィールド主演の映画『女はそれを我慢できない』(56) の音楽で構成したいわばサントラ盤。この映画はショービジネスにまつわるものなので、ジーン・ヴィンセントやジュリー・ロンドンの楽曲が使われるが、全部ここに収められている。A面はジーン・ヴィンセントのステージ写真。B面がジェーン・マンスフィールドの写真だ。

V. A.

Betty Page : Jungle Girl - Exotique Music

Q.D.K. Media PIC LP 017

1998

ドイツのNormalレコードというレーベルからリリースされたエキゾチカもの。サブ・レーベルでラス・メイヤーの映画作品のサントラを精力的にリリースしたりしているだけあって、このアルバムもかなりマニアック。1950年代から70年代に活躍したエキゾ系スペース・エイジ・サウンドから選りすぐったコンパイルで、正直、ほとんどのアーティストが初めて聴くものだ。通常のLPとしてリリースされたが、のちにピクチャー盤が出た。ボンデージ・アートの女王、ベティ・ペイジの写真だけで買ったが、コンパイルされた音楽の質の高さに驚愕した。ベティ・ペイジ写真満載の20ページに及ぶブックレットも付いて、こんな「お土産」感満載なレコードもそうそうない。LPのセンターホールがペイジの乳首に穿たれているところも笑える。

Brigitte Bardot

The Early Years

Hitland – SML 015

2000

ブリジット・バルドーの初期録音をまとめたピクチャー盤。初期といってもバルドーが本格的に歌を吹き込むのは1960年代に入ってから。A面1曲目が「Sidonie」(映画『私生活』(62) の主題歌）で始まる。バルドーの歌は雰囲気があってとても良い。その他の多くの楽曲は、1963年のバルドーのファースト・アルバム『Brigitte Bardot』から採られたものだから、さほど芸はないのだが、この写真に8ページのピクチャー・ブックが付属するとかなりお得な気分になるものだ。

Label

ABC-Paramount

アメリカの放送会社ABCの子会社として、1955年に設立。66年にABCレコードと社名変更し、レインボーの箱にabcの文字が入ったロゴになった。これは初期のラベル。

Atlantic

1947年に設立。当初はR&B、ジャズのレーベルとして有名。モノラルは50年代中期から60年代中期まで黒地にシルバー文字。以降は上半分が赤のデザインに変更。

Audio Fidelity

品質、音の忠実さ、技術を売りに、1954年に設立されたレーベル。57年に他に先駆けて最初の商用量産ステレオLPを発売した。1997年に倒産。

Capitol

1942年設立の老舗。49年にテープ・レコーダーを使った録音を開始し、50年代に黄金時代を築く。本社ビル、キャピトル・タワーはハリウッドのランドマークとなっている。

Colpix

Columbia Picturesによって1958年に設立。66年にレーベルはColgemsに変更された。水色は63年以降のもの。ほかにゴールドがある。

Contemporary

ロサンゼルスにて1951年に設立。西海岸のジャズメンを中心に録音を行い、数々の名盤をリリース。録音の良さも定評がある。1983年にFantasyが買収。

Columbia

1888年設立の老舗。1948年にLPの制作、58年にステレオ録音を開始。RCA Victorでも仕事をしていたジム・フローラが、素晴らしいアートワークのジャケを多く残している。ラベルは初期は赤地にゴールドの文字。55年には六つ目のロゴがあるラベルが登場。60年代後期はふたつ目に変更。

Coral

Deccaレコードの傘下として1949年に設立。ジャズやスウィングを扱い、ポップス系も売った。レーベル・カラーは頻繁に変わり数種類ある。

Crown Records

1953年に設立され69年まで続いたバジェット・レーベルで、品質は悪かったといわれる。60年まで黒地と紺地で、モノラル盤では上部に王冠のマークがついていた。

Decca

株式仲買人であったエドワード・ルイスが1929年に設立したイギリスの老舗。専属契約第一号はビング・クロスビー。ffrrという録音技術で多くの作品を残した

Design Records

1957年に発足。1965年まではすべてモノラル録音でリリースしていた。ラベルには反映されていないが赤・青・黄の三原色を使ったロゴはモダンだった。

Dot

1950年代に設立。カントリー・ミュージックやR&Bを精力的にリリースした。スクリプト書体のロゴが特徴だったが、その後変更。74年にABCレコードのカントリー・ミュージック部門になった。

Elite Special

1940年にスイスで設立された。50年代にロック、60年代にビートをメインにリリースしていたようだが、情報が少ない。

Epic

ジャズ、クラシックを扱うレーベルとして1953年に設立。88年に売却された。このイエロー地は72年頃まではデザインは変更されつつイエローを基本に。以降はオレンジ、ダーク・ブルーなどに。

ERA

1955年にロサンゼルスで創設された小レーベル。ロゴマークがスペース・エイジ風。これは初期のラベル。リイシューでやりくりしていたが、70年代半ばに買収された。

Fantasy

マックス＆ソルのウェイス兄弟が1949年に設立したジャズ・レーベル。デイヴ・ブルーベックの初期作品をリリース。名門Riversideが倒産後、吸収し復刻リリースを続けた。

Groove

1953年にR&Bのレーベルとして設立されたRCA Victorの子会社。このバージョンは65年まで続いた。レーベルで契約していたアーティストたちはのちにVikへ流れた。

Guest Star

プラスチック製造会社Synthetic Plastics Co.が1960年代初頭に設立したレーベルのひとつ。子ども向け専門のピーター・パン・レコードなどいくつものレーベルを所有。

Harmony

1925年にコロンビアのサブ・レーベルとして発足。一度中断するが57年に復活し、70年代まで存在していた。コロンビアで以前にリリースされたものの再発が多かった。

Hifi

1956年設立。ムード・ミュージックとハワイアンが中心。独自にLife、Hifi Jazzというシリーズを持つ。最初のラベルは白地で、ロゴは上部にあった。このモノラル盤は2番目。

Hollywood Records

1940年代に設立され、53年にHollywoodに改名した。マイナーな美女ジャケの宝庫。スタジオモデル、ハリウッドの有名女優などがカバーを飾っている。

Jubilee

1946年にニューヨークで設立。ドゥ・ワップや良質のジャズ・レーベルとしてコレクター人気が高い。青地は55年、黒地は1959年からのラベル。70年に廃業した。

Kapp

Deccaの設立者の弟、デヴィッド・カップが1954年に設立。このラベルは62年から64年までのもの。以降は黒地、赤地のシンプルなものに。最後のリリースは73年。

Life series

リチャード・ボーンが1956年にハリウッドで
創設したHifiレコードのサブ・レーベル。こ
れは65年までの最初のラベル。Hifiレコード
はエキゾチカをメインにリリースした。

Liberty

1955年にサイモン・ワロンカーが創設した
レーベル。ジュリー・ロンドンを見いだした
ことにより飛躍した。ラベルはモノラル盤は
ターコイズや赤。ステレオ盤は黒だった。

London

Deccaにいたエドワード・ルイスが1947年
に設立。ラベルは50年代は赤、青。60年代
には紫、緑、黄など単色も増えた。90年代
にロゴは小さくなり、白地に変更された。

Masterseal

1957年に設立。64年までクラシック、ジャ
ズを数多くリリースした。さまざまなカラー
のラベルがあるが、これはイヴォンヌ・デ・
カーロの顔のイラスト入り。

Mercury

シカゴで1945年に設立。当初から黒人
ミュージシャンを積極的に起用していた。ラ
ベルは50年代中期から63年まで黒地にシ
ルバー。64年から赤地に変更された。

MGM

MGMがミュージカル映画のサントラをリ
リースするため1946年に設立。ヴォーカル
ものに注力。これは59年までのラベル。60
年からは黒地にカラーのライオン・ロゴに。

Pathe

1894年にフランスで設立された老舗。
1905年にディスク・レコードの制作を開始。
06年に溝を垂直にカットする手法を用い
た。アメリカ、イギリス、アジアにまで拡大。

Prestige

モダンジャズ三大レーベルのひとつとして
1949年に設立。これは55年から56年ま
でのラベル。1971年にFantasyに買収され
た。

PYE Group

英国レーベル会社Nixaがルーツで、53年
にPyeに買収されてこのレーベルとなった。
Nixaの録音の良さは定評がある。1980年に
Pye名義を失い、PRTに変更された。

RCA Camden

1953年にRCA Victorのバジェット・レーベ
ルとして発足。最初はピンクのラベルだった
が58年からこの紫に。73年にCamden名義
での発売は中止された。

RCA Victor

1929年にRCAがVictor Talking Machine
Co.を買収してできた老舗。49年に45回転
EPを発売。これは63年から65年までのラ
ベルで、黒地のものがよく知られている。

Rendezvous records

R&Bやロックンロールの作曲者レオン・レ
ネが1940年代に設立したExclusiveレコー
ドのサブ・レーベルとして1958年に発足。
1963年に廃業。

Reprise

フランク・シナトラとWarner Bros.が1961年に設立。63年にはWarner Bros.に売却された。60年代前半はジャズ、後半はロック・ポップスに名盤が多い。

Riverside

1952年に設立されたモダン・ジャズの名門レーベル。55年にセロニアス・モンクと契約し、順調かにみえたが1964年に倒産。Fantasyに吸収される。

Roulette

1957年に設立。1960年代初頭に、ツイスト・ブームに乗ってヒット作を多数リリース。設立者のモリス・レヴィはミュージシャンのロイヤリティを秘匿したとして悪名高い。

Savoy

ジャズ・レーベルとして1942年に設立。ビ・バップの普及に寄与し、60年代初期にはアヴァンギャルド・ジャズも録音している。これは最初の赤ラベル。

Somerset

1957年に設立。米国外の非組合員ミュージシャンを使って、ヒット曲のカバーを録音し、低価格のアルバムを制作していた。モノラルのみのリリースで、姉妹レーベルのStereo Fidelity（右）ではステレオ盤をリリース。

Tampa

ロバート・シャーマンが1955年にジャズ・レーベルとして設立。58年まで続いた。最初のSPレコードはグレー、黒のラベルで、ピンクのラベルは57年以降のもの。

Tops

1947年設立。雑貨店やドラッグストアにレコードを卸していた小さなレーベルでヒット曲のカバーが多い。62年に倒産しPickwickに売却された。これは3番目のラベル。

Tower

1964年にCapitolの子会社として設立。ガレージ・バンドでいくつかヒットを生んだ。初期はこのオレンジのラベルで68年頃からカラフルなストライプに変更。70年に廃業。

Verve

ノーマン・グランツによって1956年に設立されたジャズの名門。61年にMGMに売却された。初期のラベルは黒にシルバー、シルバーに黒文字の2タイプ。これはジャズ用のBlack"T"ラベル。

Vik

1953年にRCA Victorのサブ・レーベルとして「レーベルX」の名で発足、1956年にVikと改名された。R&Bのヒット曲のカバー、ジャズをリリースしていた。58年に閉鎖。

Waldorf Music Hall

ピアニスト、イノック・ライトを統括責任者として1954年に設立され、ウールワース・ストアのみで販売されたレーベル。59年まで存続。10インチはたった99セントだった。

Wyncote

1964年に設立したバジェット・レーベル。67年に廃業するまで、低予算で多くのアルバムを制作した。当初はオレンジ地に黒字で、これは最後のラベル。

Martin Denny

マーティン・デニーとひとりのカバー・モデル

　ムード・ミュージックの世界では、あるアーティストが数枚、アルバムを制作すれば、1～2枚くらいは女性モデルをあしらったジャケがつくられる。そのほうが売れるという市場の要請だろうが、それでもアーティスト本人をカバーに使ったものも多い。名前を挙げれば枚挙にいとまがないが、こんなおじさんの写真をカバーに使って誰が買ったのだろう、と思うことしきりだ。純粋な音楽ファンには、ジャケットはおまけみたいなものでどうでもよかったのかもしれない。

　そんななかで異質ともいえるのが、キャリア前半の13枚の作品をすべて美女ジャケで通したマーティン・デニーのアルバム群で、それだけでも十分に感嘆すべきものだが、さらにそのモデルが同一人物だったと知ったときにはもっと驚嘆した。ここに並べたジャケットのほとんどが同じモデルなのだが、はたしてどれほどの人が気づくだろうか?

　最初のアルバム『Exotica』は金髪系の美女、次作の『Exotica Volume II』は黒髪のよりエキゾチックな美女となる。これは言われればわかるかもしれない。だが、3作目の『Forbidden Island』(P.37参照)となるとかなり趣が違う。ちょっと大人しい感じになっている。ところが4作目『Primitiva』は、逆に野性的なエロティシズムに満ちて、まるで別人のようになる。

　モデルの名はサンドラ(サンディ)・ワーナー。1950年代に多くのアルバム・カバーを飾ったモデルだ。意外なところでは、ジョージ・シアリングの『Burnished Brass』のいかにもゴージャスなモデルもサンディだった。(P.139参照)

　●

　マーティン・デニー作品でのサンディの活躍はまだまだ続くが、デニーはジャケットの妙味だけ

ではなく、エキゾ・ミュージックの立役者として、その音楽性の評価は揺るぎないから、そちらをまず記すべきだろう。

　デニーの最初のアルバム『Exotica』は1956年12月にレコーディングし、翌57年にリリースされた。このアルバムには、のちに「エキゾ・ミュージック(エキゾチカ)」と言われるようになるすべての要素が含まれていた。デニーのピアノ、アーサー・ライマンのヴァイブを軸にいくつかのパーカッションが絡むが、最もエキゾ風味を醸し出していたのはオージー・コロンによるバード・コール(鳥の鳴き声の真似)だった。このバード・コールがデニーのエキゾチカの肝だったと言えるかもしれない。アーサー・ライマンとオージー・コロンはハワイ生まれで、ふたりともパー

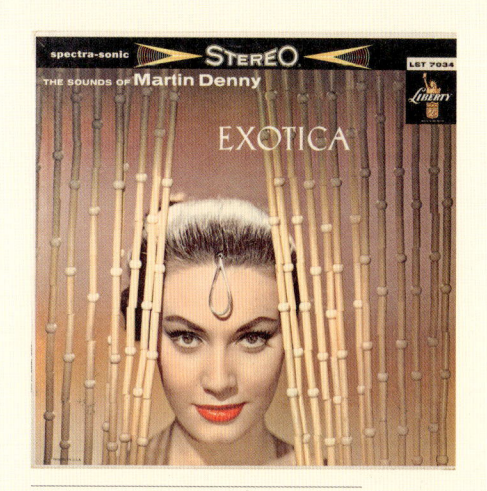

Exotica

Liberty LRP 3034 / LST 7034

1957

Photo：Garrett-Howard

Exotica Volume.2

Liberty LRP-3077 / LST 7006

1958

Photo, Design：Garrett-Howard

『Re/Search』誌の「Incredibly Strange Music」特集号でのインタヴューで、ハワイでカバー写真を撮影した意味を訊かれたマーティン・デニーは、大笑いして即座にこう答えた。「違うよ、ハワイで撮ったことなど一度もない。あれはすべてハリウッドで撮ったんだ」。これによると『Primitiva』のときは、モデルのサンディ・ワーナーは川の奥深くまで腰に浸かっていたので、魚が彼女の足にぶつかって、くすぐったくて大変だったそうだ。また、『Afro-Desia』のときは、「なぜかサンディが、髪を金髪に染めていた」ので、そのまま撮影したらしい。

Primitiva

Liberty LST 3087 / LST 7023

1958

Photo, Design：Garrett-Howard

Hypnotique

Liberty LRP 3102/ LST 7102

1959

Photo : Garrett-Howard

カッションも担当。コロンは子どもの頃から鳥の鳴き声の真似をしていたらしい。

　デニーのほうはニューヨーク生まれのロサンゼルス育ち。20歳のときに白人ジャズ・バンド、ドン・ディーン楽団に加入して、4年間の南米ツアーに同行した。1934年にアルゼンチンで製作された映画にドン・ディーン楽団が出演してその演奏が残されているが、音楽はストリングスとホーンをメインにしたスウィング・ジャズである。デニーはこの時期にラテン・リズムに目覚め、さらに南米の楽器の収集を始め、のちのエキゾチカの土台をつくることになる。

　第二次世界大戦中は空軍に配属されるが、派遣されたのはフランスとドイツで南洋というわけではなかった。戦後は復員兵援助法による支援のもと、ロサンゼルス音楽学校（のちのカリフォルニア芸術大学）と南カリフォルニア大学で再び、ピアノと音楽を学び直した。

　1954年にデニーに大きな転機が訪れる。ハワイのレストラン〈ドン・ザ・ビーチコマー〉で、ピアノを弾いていた友人に後を継がないかと打診されたデニーは、これを承諾して2週間の演奏契約を結んだ。翌55年から本格的なバンド編成に向かい、アーサー・ライマンやオージー・コロン、そしてベースのジョン・クレイマーを入れ、さらにはLibertyレコードとも契約を結ぶ。こうして56年に『Exotica』が録音されたのである。ところが、サウンドの要（かなめ）のひとり、アーサー・ライマンはすぐに自身のバンドを結成するためにバンドを去ってしまう。ライマンのその後の活躍をみれば、彼はデニー・バンドに収まる器ではなかったことは明らかだった。

●

　『Exotica』は当初、それほどの反応ではなかった。それでもレコードのステレオ化の流れのなかで翌年、Libertyレコードはこれをステレオで録音し直し、再リリースする。ハワイが1959年に50番目の州に「昇格」するということで世論の関心がハワイに向かったことがLibertyにこの決断をさせた、という文献もあるがそこははっきり

しない。

　このステレオ化のときすでにライマンは脱退していたので、替わりにジュリアス・ウェクターがヴィブラフォンで参加した。結果、デニー・バンドは56年の録音を自らコピーするかのようにステレオ盤を録音することになる。デニー作品にうるさい人は、このステレオ盤をモノラルのオリジナル盤よりも低く評価する人も少なくない。

　ともかく59年に『Exotica』はステレオで再リリースされ、デニーの最大のヒット曲となる「Quiet Village」は、シングル・カットされた。A面1曲目を飾る「Quiet Village」は、オージー・コロンのバード・コールがフィーチャーされて、南洋気分を盛り上げたが、レコードに動物の鳴き声を取り入れたのはデニーが最初ではなかった。ラテンのザヴィア・クガートが1954年にリリースした「Flute Nightmare」は、ジャングルのさまざまな野生動物の声を効果音的に取り込んだエキゾチック・ミュージックだった。これはクガート作品のなかでもとりわけ素晴らしい。そして「Quiet Village」を作曲したのはレス・バクスターだった。本書でもバクスター作品は「美女ジャケ」である限り掲載したが、その括りさえなければバクスターについての稿を書きたかったくらいである。エキゾチカのほんとうの仕掛け人はバクスターだったのだから。彼は1951年のエキゾチック・アルバム『Ritual of The Savage』に自身の演奏で「Quiet Village」を発表したが、時流に乗るには早すぎた。

　デニーの「Quiet Village」は1959年6月にはビルボード・チャートの4位にかけのぼるヒットとなる。エキゾチック・ミュージックが大衆のあいだに広範に認められたことを示すものであった。ハワイは8月に50番目の州になったし、空前のエキゾ・ブームでデニーは大忙した。その間に『Exotica Volume II』、『Forbidden Island』、『Primitiva』、『Hypnotique』、『Afro-Desia』をリリースする。Libertyレコードも、売れるのが承知での矢継ぎ早のリリースだし、実際にセールスは良かった。さらに59年の8月には、アルバム・

Afro-Desia

Liberty LRP 3111

1959

Design : Bill Pate   Photo: Garrett-Howard

Exotica Vol.3

Liberty LRP 3116 / LST 7116

1959

Photo : Garrett-Howard

Quiet Village

Liberty LRP 3122

1959

Photo : Ivan Nagy

The Enchanted Sea

Liberty LRP 3141 / LST 7141

1960

Design : Pate / Francis & Associates

Photo : Garrett-Howard

タイトルを『Quiet Village』とした新作をリリースする。どう考えてもハワイの立州に合わせてのタイミングだ。こちらもビルボードのモノラル・アルバムのチャートで21位になる。遅れてリリースされたステレオ盤も翌年には、ステレオ・アルバムのチャートで12位を記録。モノラルとステレオでチャートが別だったという当時の音楽状況にも興味を惹かれる。

　A面1曲目には「Stranger in Paradise」を持ってきて出来は良いが、3曲目の「Coronation」では、コロンのバード・コールがかしましいくらいにフィーチャーされた。すでにシングルでも売り切っているはずの「Quiet Village」はB面の最後に、いまで言うボーナス・トラックのように収録された。デニーはヴィレッジで大層な利益を上げたが、作曲者のレス・バクスターはデニーのことを快く思っていない。自分の作品というよりも、それはすでにデニーのものになってしまったのだから当然だろう。しかもデニーは少しずつ自作曲も録音し始めていたが、どのアルバムもバクスター楽曲に多くを負っていた。バクスターに言わせれば、自分がエキゾチカの創始者であり、楽曲提供者だが、マーティン・デニーは、そのポピュラーな普及者にすぎないということだ。

　実際、デニーのエキゾチカは誰もが想像しやすい異国風味であった。中国風や「Sake Rock」のような日本風も取り入れているが、それはハリウッド映画が異郷を描くときと同様、白人文化からみた異国趣味でしかない。だからわかりやすく大衆にも受け入れられたのだ。バクスターの

音は、もっとどこにもないものだった。それはエキゾチシズムではあったが、簡単にハワイやポリネシアを想像できる音楽ではなく、それ以上の、ようするに「異国」を超えた「空想の異郷」だった。だからこそスペース・エイジ・ミュージックにまでエキゾチカを拡大できたのである。

●

　マーティン・デニーは、その後も活発に新作をリリースするが『Exotic Sounds from The Silver Screen』、『Exotic Sounds Visit Broadway』となるとタイトルからして、すでにエキゾチカのキッチュ化と形骸化は甚だしい。ようはエキゾ・ブームを織り込んでの企画物でしかない。次はロマンスをテーマにした曲を選んだ『Romanrtica』。これはもうムード・ミュージックのアルバムがよくやるテーマと同じである。引き続き『Exotic Percussion』。相変わらず、オージー・コロンも参加してエキゾだが、聴く側からすれば以前の作品と似たようなエキゾ作品でしかなかった。もちろん仔細にみれば、どのアルバムにも新しさや工夫はあったが、初期のような衝撃にはならなかったということだ。

　個人的な好みを言えば、美女ジャケではない62年リリースの『A Taste of Honey』も好きだし、ジャズ・サキソフォン奏者のデイヴ・ペルがプロデュースした『Latin Village』は、ジャケも音楽も良いと思う。でも、60年代に入ってからのデニー作品には、どうにもマンネリ感が付いて回った感は否めない。スタイル（様式）というものは陳腐化の速度が速いのだ。エキゾチカのよう

Silver Screen

Liberty LRP 3158 / LST 7158

1960

Design : Pate / Francis & Associates

Photo : Garrett-Howard

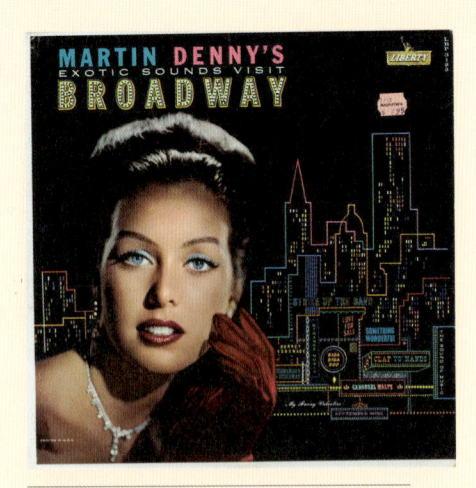

Broadway

Liberty LRP 3163

1960

Design : Pate / Francis & Associates

Photo : Garrett-Howard

Romantica

Liberty LRP 3207

1961

Design : Pate / Francis & Associates

Photo : Garrett-Howard

Latin Village

Liberty LRP 3378 / LST 7378

1964

Design, Photo : Studio Five

に世界が限定されたスタイルであれば、それはより激しいものだったと感じる。

そしてデニー作品が勢いあった頃は、ジャケットのアートディレクションが見事に統一されていたことを考えると「内容」とは「表層」からも規定されてゆくものではないかと思わざるを得ない。必ずしも「内容」が「表層」を規定しているわけではない。

1作目から『Exotic Percussion』までの13作、カバーの写真／アートディレクションをしたのは、ギャレット＆ハワードか、ペート／フランシス・アソシエイツである。マーティン・デニーのアルバムが見事に統一された世界感＝エキゾチカを打ち出せたのは、このアートディレクションに因るところが大きい。

さらに寄与したのは、本稿の冒頭で紹介したモデルのサンディ・ワーナーの存在だった。1935年生まれの彼女が最初にアルバム・カバーのモデルをしたのが、『Exotica』だった。完全な西洋人ながらどこか曖昧で東洋風なところも感じさせるワーナーは以降、毎回、容貌を変化させた。『Afro-Desia』では金髪に染めてデニーの前に現れ、その変化でびっくりさせたという。最初はアンクレジットだった彼女の名も59年の『Quiet Village』では、裏ジャケにクレジットされるようになる。その頃にはファンもできて同一人物には見えないモデルとして話題になっていたことを制作者側も利用してのことだ。

ワーナーはなにもデニー作品の専属だったわけではない。モートン・グールドの美女ジャケ『Temptation』やボブ・トンプソンの『Mmm, Nice!』など、これも彼女がモデルだったのか、と驚かされるものも多い。とくに後者は音楽的には良かったもののジャケが好きではなく手放してしまったので感慨深い。デニー作品ではワーナーの全身が写ったものはないが、『Mmm, Nice!』はレオタード姿の全身。しかもかなり腰回りが大きくモデル体型とは言い難い。

デニー作品のなかでも『Exotic Sounds Visit Broadway』と『Exotic Percussion』のふたつ

は他のカバー写真よりも鼻が細く見えて、とても同じサンディ・ワーナーとは見えない。制作年から推測しても整形したわけではなさそうだ。ワーナーは人気を得て自身がヴォーカルを取ったアルバム『Fair & Warner』(59)をTopsレコードからリリースした。多作の作曲家でTVショーのホストとして人気だったスティーヴ・アレンが曲を提供し、ワーナーの声もなかなかだった。歌はちょっと単調なのだが。彼女の音楽歴はこの1枚のアルバムで終わり、その後は映画とテレビの世界でそこそこのキャリアを築いていく。

●

マーティン・デニーのバンドのメンバーで、エキゾチック・ミュージックに貢献したアーサー・ライマンについて本書でほとんど触れられなかったのは残念だ。筆者はむしろライマンのほうが好きでアルバムを集めた。パームツリーのハワイアン・ジャケの素晴らしいものもたくさんあるが、いわゆる「美女ジャケ」がほとんどなく、一作しか紹介できなかった。エキゾチカとはレス・バクスターが種を蒔き、デニーとライマンの協働作業で市民権を得た音楽ジャンルという意見は、セールス面で異論はあるだろうが、音楽的には正しい解釈だと思う。

バクスターやライマンに当然、与えるべき権利を書くためにデニーについてあまり評価していないように思われたら心外なので、付け加えておくがデニーのエキゾチカは圧倒的に洗練されていたのだ。異郷を思わせるどの曲もアレンジは洗練を極めていた。それは都会で聴くジャングル・ジャズであり、サバービア（郊外生活者）の心象風景にもぴったりのものだった。ようするにモダン・ミュージックだったのである。

デニーは後年、インタヴューでこう答えている。「私の音楽はつねに本物ではなくまがい物のようなものでした。私はアフリカの音楽をつくりたかったわけではなく、アフリカの音楽がどのように聞こえるかを提案したかっただけなのです」

エキゾチカとは、誕生したときから都市生活者のためのフィクションだったのである。

Julie London

美女ジュリー・ロンドンのアルバムはすべて美女ジャケ

　歌っている本人が美女だったとき、それは「美女ジャケ」と言えるのか？　ジュリー・ロンドンの作品はそのほとんどに本人がジャケット・カバーに登場して、しかも一級の美女である。美女ジャケとは少し違うのだが、無視するわけにはいかない。という以前に筆者はあまりにも彼女のファンで同じ録音のリリース違いまで集めまくった。『LIFE』誌や『POST』誌で彼女が表紙を飾ったものはそれだけで買った。

　歌のうまさも独特のハスキーな声も一級だから文句のつけようがない。近年、紙ジャケット仕様で、ほとんどの作品がCDリリースされたが、それまでアナログ・オリジナル盤はかなり高値で安定していた。歌も良いがジャケットも欲しかったのだ。おそらく多くの男性が。

　ジュリー・ロンドンは1926年にカリフォルニアのサンタ・ローザに生まれた。両親はともにボードヴィル芸人だった。14歳のときに家族はハリウッドに引っ越し、その頃から彼女はナイトクラブでときたま歌うようになる。ハイスクール時代を通してエレベーターガールのアルバイトもしていたが、17歳のときにハリウッド大通りの高級服飾店〈ルース・ブラザーズ〉でエレベーターガールをしていたときに、元女優で俳優のエージェントをしていたスー・キャロルと運命的な出会いをする。ジュリーの美貌を認めたキャロルはタレントになることを勧め、両者は契約書を交わした。その年、男性誌の『エスクァイア』がジュリーの写真を撮って掲載し、その写真は戦前の兵士たちに人気となって、彼女は一躍 "ピンナップ・ガール" として知られるようになる。

　1944年、まだハイスクールに在学中にジュリーはB級エクスプロイテーション映画に初出演する。もちろんクレジットはない。それでもこれを機にワーナー・ブラザーズと契約を果たして8本の映画に出演する。そのうち3本はアンクレジットだったから、好調にキャリアを積んだというわけでもなかった。1950年にはワーナーは彼女との契約を打ち切ってしまい、ユニバーサル・インターナショナルへと移ることになる。翌51年に『The Fat Man』というフィルム・ノワール作品に出演。ポスターにも登場するし、名前は準主役としてクレジットされた。ジュリーは黒のドレスで印象的に登場するが……そう、リタ・ヘイワースの「ギルダ」神話を踏襲するかの如く……でも意外にも身長は低く（1m57cm）、ダンスも上手くなく、美人ではあるものの、そう魅力的には見えない。そしてこの映画に出演後、俳優のジャック・ウェブと結婚して、彼女の映画経歴は、ジャックとの離婚後の54年まで途絶えることになる。

　歌手への夢も捨ててなかったジュリーはロサンゼルスのジャズ・クラブにも出演していたが、それに目を留めたのがLibertyレコードの共同創

業者でもあるサイモン・ワロンカーだ。彼は友人のボビー・トループにジュリーを紹介する。トループは作曲家であり、ジャズ・ピアニストであり、俳優であり、なんでもやった。Libertyで数枚、自分のアルバムを出したが、あまり売れなかった。50年代にはTV俳優に活路を探っていたが、そんなときにジュリーと出会い、仕事のパートナーとなり、1959年には結婚して人生のパートナーとなった。ずっとのちの70年代のTV番組『エマージェンシー』で、ふたりは医師と看護婦として共演してもいる。

復帰したジュリーはLibertyと契約しての初のアルバム、『Julie is Her Name』を1955年12月にリリースする。その1曲目に収められた「Cry Me A River」はシングル盤でリリースされて80万枚を超える大ヒットとなり、アルバムのほうもビルボードの9位に食い込むヒットとなる。ほぼ新人の歌手、しかもバックはギターとベースのみのシンプルでジャジーな作品がここまで大ヒットするのは異例のことだった。ジュリーの美貌によるところは大きかっただろう。カバー写真はフィル・ハワードの名がクレジットされ、デザインにもハワード・ヴィジュアル・アドヴァタイジングのクレジットが入っているからLibertyもジャケットには力を入れたはずだ。

筆者はこのアルバムのUK盤だのカナダ盤だの7インチシングルなどを集めまくった時期がある。中身もカバー写真も一緒だが、写真の色味がそれぞれ微妙に違ったり、顔のレタッチ具合が違ったり、さらには胸元のトリミ

ングが違っていたりしたからだ。あまりにも馬鹿げたことに散財していることに気づいて、のちにだいたいは売ってしまったが、手放せずに残ったものをここに掲載している。

最も驚いたのは58年にリリースされた『Julie is Her Name Volume II』の国内盤が、元祖『Julie is Her Name』の写真を流用し、しかもバックの色がグリーンからオレンジに変えられていたことだ。顔のレタッチはすさまじく、まるでマネキン人形のようだ。印刷もレタッチも日本でやったものだろうが、この技術には驚かされた。ライナーノートで青木啓氏が「ジュリーは本年35才」と書いているから、計算すると1961年の国内リリースである。

トリビアな話し続きで恐縮だが、このカバー写真はLP盤ではなく7インチの4曲入りEPがオリジナルだと気づいたときがあった。というのは胸の谷間あたりをよく見るとEP盤のほうがドレスのカットが少なかったからだ！(次ページ参照)

●

『Julie is Her Name』リリース翌年には映画『女はそれを我慢できない』が製作された。巨乳のジェーン・マンスフィールド主演のコメディ映画で、主役のアル中気味の宣伝マンが酔ってはジュリーの幻影を見る。そこで彼女は「Cry Me A River」を歌ったりするのだから、アルバムのヒットを後押しすることにもなった。55年、56年、57年と三年続けて『ビルボード』誌は、最も人気のある歌手にジュリーを選定した。一気にスターダムにのし上がったわ

A Small Voice Makes Big Stir

JULIE LONDON GETS BACK TO MOVIES

Julie London's soft and husky voice has all Hollywood by the ears. It can sell 800,000 records, keep a nightclub crowded, make memorable a scene in a movie. "It is only a thimbleful of voice," she says, "and I have to use it close to the microphone. But it is a kind of oversmoked voice and it automatically sounds intimate." Now Julie (see cover) is using her voice to sing her way back to the movie stardom that might have been hers 10 years ago when, a rising young actress, she married Jack (*Dragnet*) Webb and, shortly afterward, retired.

When the marriage broke up Julie was all but forgotten—but her evenings were free. "After the children are in bed at 7 what do you do?" she asked. She began singing in a nightclub. Her *Cry Me a River* was a smash hit, and soon she was a nightclub star, a recording success, an eagerly sought guest on top TV programs. Then, with small roles, the movies welcomed her back. Now, at 30, she has her first really good role. Playing the drunken castoff mistress in José Ferrer's *The Great Man*, the story of a lovable radio personality who in real life is a heel, she not only sings excitingly but also shows herself a surprisingly fine actress.

Julie is Her Name
Liberty LRP 3006
1955
Photo : Phil Howard

Julie is Her Name
Liberty LEP-1-3006
1955
Photo : Phil Howard

Julie is Her Name Vol.2
Liberty SLBY 1017
1958
Photo : Phil Howard

けである。映画出演も続けるが、そう有名な作品はなく、60年代にはTVのほうに主軸を移してゆく。だが、ここでは音楽のほうに的を絞ろう。

ジュリーのその後のアルバム展開はここに掲載した写真をご覧いただきたい。3作目の『Calendar Girl』は12ヶ月、それぞれの月にあった衣裳を着たまさにピンナップ集である。これは『エスクァイア』誌に掲載されたピンナップ・イラスト"ペティ・ガール"からアイディアを拝借したものだろう。豪華なWジャケット仕様になっており、開くと「13月」と題して、ベッドで半裸のジュリーの大きな写真が貼り付けられていて悩ましい。この写真のために高価なオリジナル盤を買ったのだ。(P.192参照)

58年の『London by Night』は、レコ屋で最初に見つけたのを買ってしまったが、それは60年のリイシュー盤だった。ファースト・イシューとはタイトル・フォントがまったく違う。60年代のモダニズムに合わせてユーロ・スタイル系フォントに変えられてしまったのである。写真とは合わない。だが、30年前にはインターネットはなかったし、そこまでオリジナルにこだわってもいなかった。いまではネットでファースト・プレスも探せるが、けっこうな金額を出してそこまで集める気はなくなってしまった。

59年にリリースされた『Swing Me An Old Song』は、腰に手を回しているジャケットを入手した。ところがジャズ本などを見ているとまったく同じスタジオ・セットと衣裳で、頭のほうに手をやっているものがある。どちらがオリジナルなのか？　Libertyレコードはモノラル盤とステレオ盤で、別カットの写真を使ったのだ！　マニアは内容は同じとわかっていても両方買い揃えてしまうのを知ってのことだったのだろうか？　写真は面白いが、同時にジュリーがあまりスタイルが良くないことにも気づいた。それは『London by Night』で薄々感じていて、頭は小さいのだろうが身長は低いのでは？　と思い始めていた。

じつは1964年にジュリー・ロンドンは、彼女のレコードのプロデューサーで、ピアニストでも

Swing Me An Old Song

Liberty LRP 3119

1959

Design : Pate / Francis & Associates

Photo : Garrett-Howard

Swing Me An Old Song

Liberty LST 7119

1959

Design : Pate / Francis & Associates

Photo : Garrett-Howard

ある夫、ボビー・トループをリーダーにカルテット編成のバックを引き連れて来日し、TBSにテレビ出演もしている。そのときの貴重な映像がのちにYoutubeにアップされたのだが、カメラが下から煽っているので、スタイルは良さそうに見えた。さらにのちにネットで身長を調べて既述したように1m60cmに満たない身長と知ったのだった。幻想を長引かせるのは難しい。

　ジュリーの歌唱力に関して、ジャズ批評畑からは昔は厳しい意見も多かったように記憶するが、TBS TV出演映像で観るかぎり見事なものだ。厳密には彼女はポピュラー・シンガーであり、生粋のジャズ・シンガーとはちょっと違う。そんなことはどうでも良いのだがジャズ批評畑の人は、昔からちょっとしたエリート意識をもって、ポピュラーなものを下にみる風潮があった。そうこうしているうちにジャズそのものが地盤沈下してしまった。

　ジュリー・ロンドンは、Libertyに30枚ものアルバムを残した。息の長い男性アーティストでもひとつのレーベルにこれほどの作品を残したものは少ない。69年リリースの『Yummy, Yummy, Yummy』は、90年代に入ってモンド／ラウンジ系ミュージックとして再評価されたりした。収録曲のひとつ「Light My Fire」はドアーズのオリジナルよりもサイケデリックで、かつラウンジだ。このアルバムを最後に彼女はほぼ歌手を引退した。

　ジュリー・ロンドンは2000年10月18日に74歳の生涯を閉じた。それを報じた日本の新聞の死亡記事をいくつか切り抜いて取っておいてある。美女もいつかはこの世を去る。それは悲しいが美女ジャケはいつもそばにいてくれるのだ。

IN CALL FOR TROOPS Julie and bandleader Les Brown do a song during a variety-show radio program designed to drum up Marine Corps enlistments.

1957年2月号の『LIFE』誌の取材で、ジュリーは結婚して一線から退いていたときのことをこう話した。「子どもが夜7時にベッドに入ったあと、どうするの？　と自問したの」。そして彼女はナイトクラブでの活動を再開した。

START OF NEW CAREER as singer took place in Walsh's, a Hollywood night spot where, accompanied by a bass and guitar, she scored first successes.

London by Night
Liberty SLBY 1017
1958
Photo : Garrett-Howard

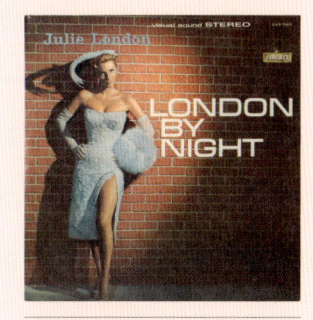

London by Night
Liberty SLBY 1017
1958
Photo : Garrett-Howard

Sophisticated Lady
Liberty LST 7203
1962
Photo : Garrett-Howard

The Best of Julie
Liberty S 6601
1962
Photo : Garrett-Howard
Design : Pate / Francis & Associates

Whatever Julie Wants
Liberty LRP 3192
1961
Photo : Garrett-Howard
Design : Pate / Francis & Associates

Julie London
Liberty SUS-5104 / SUM-1104
1966
Photo: Studio Five
Art Direction : Woody Woodward

Make Love to Me

Liberty LRP 3060

1957

Design & Photo : Studio Five

Lonely Girl

Liberty LRP 3012

1956

Photo : Ray Jones

Julie

Liberty LST 7004

1958

Your Number Please...

Liberty LRP 3130

1959

Photo : Garrett-Howard

Design: Pate Francis & Associates

Tenderly Yours
Guest Star GS-1417
1964

Tenderly Yours
Guest Star G-1417
1964
Illustration : E. Barron

Nice Gilrs Don't Stay for Breakfast
Liberty LRP 3493 / LST 7493
1967
Photo: Studio Five
Art Direction : Woody Woodward

By Myself
Liberty SCR 1 / MCR 1
1965
Art Direction : Woody Woodward

Latin in A Satin Mood
Liberty LRP 3278
1963
Photo & Design : Studio Five

About The Blues
Liberty LST 7012
1957
Photo : Alex De Paola
Design : Dorie March

Calendar Girl

Livetrty SL9002

1956

Photo : Gene Lester

Film Songs

London RE-U 1076

1957

裏ジャケの誘惑

The Shearing Spell

in playing order.

STEREO

not only the same arrangements
also most of the same musicians as
added to this marvelously
ing" music is the wonderful breadth
stereophonic sound.

cing
n Stereo

are great. But there comes a time
lights go low, the music
rls get that cheek-to-cheek look
for Ray Anthony's dream dancing.

l kind of thing. The eyes of the dancers
much awake. And the thoughts that
ll be dreams. As for the dancing, it's
of terpsichore—slow and easy, timed
together. That usually calls for dreamy songs,
the dancers.

ream dancing than Ray Anthony.
been more often than not acclaimed the
the statistics are there in the popularity polls.
crowds that gather to hear Ray in
ry, from the Hollywood Palladium to
reover, Ray has probably played more college
resent history. And there's a reason.
truly great dance band. It can swing with
n entertainment value—and it has that very
dancing.

f training with the Glenn Miller crew.
d his own individual style, he has a solid
d easy tempos that made the Miller band
ing.

ecially fond of dream dancing. So he picks
that have been written, dresses them up
possible, gives the electrician the cue
dreaming and dancing begins.

Black Satin... the George Shearing Quintet

ring sound has never been so

r's unique versatility as it is

ted by rich instrumental

n inspiring variety of distinctive

yrical rendering of a

elegant chorus of strings;

hm of a popular song;

Latin tempo.

histicated setting that

y successful "Velvet Carpet,"

his own inimitable

ing music that will

op for any romance—

in blue

e lady

tin."

NOTHING EV

MEDLEY: AS LO
Arrangemen

A delikasi quadriff of marimba...
whispering strings, blending in

THE TORC
WIT
BLUE F
JAC

This album sets a new sta
made, of the most sensat

The magical Glossen touch
Brias" s vibrantly present
eight everytime and the lu
of the selections. Tone and

Underscored by strings, gu
tra bells, ite marimbas and
rcool songs... soft, dream
flickering, hovering light...

Let's Face The Music An
Dream A Little Dream
Ne
Loo
My Heart Rem

195

A rich choir of nine French horns, augmenting the sensuous sound of strings and woodwinds, is used by arranger-conductor Gordon Jenkins to fashion these songs into a succession of enchanting mood pieces. Most of them are soothingly romantic...others engagingly up-tempo. And throughout all of these wonderfully listenable selections is woven the reflective eloquence of the Jenkins piano style.

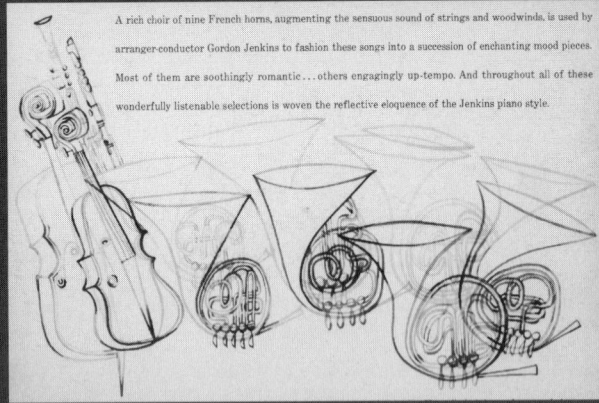

Havi
Paci
Volu
HYPN
that
inspir

Tal
into b
Mr. D
izatio

Lis
both H
menta
that r
becom
hi-fi (
feel th
...a tr

Her
lost u
cable i

MUSIC FOR THE WEAKER SEX

HENRY RENÉ and His Orchestra
Benny Carter, solo Saxophone
Producer: Dennis Farnon

SIDE 1: PERRY — FRANKIE — HARVEY — TED — DENNIS — MARIO
SIDE 2: KAY — EDNA — MAY — MURPHY — KING — ELLEN

I'M IN THE MOOD FOR LOVE

SAYONARA

CHILDREN'S MARCHING SONG

SINGIN' IN THE RAIN

SIDE TWO

CHATTANOOGA CHOO CHOO

PARADISE

FRANKIE AND JOHNNY

OVER THE RAINBOW

WE'RE OFF TO SEE THE WIZARD

LOVE IS A MANY SPLENDORED THING

THE MARTIN DENNY GROUP:

MARTIN DENNY, ARRANGER-COMPOSER
Piano, Celeste

AUGUST COLON
Bongos, Congas, Bird Calls

JULIUS WECHTER
Vibes, Marimba, Percussion

HARVEY RAGSDALE
String Bass, Marimbula

JOHN FRIGO
Guest Bassist

What pleasant memo
Yip Harburg-Harold Arlen We'r
from *The Wizard of Oz; I'm In T*
was featured in two films, *E*
Youmans' *Carioca* from *Flying*
the title song by Paul Webster
the Arthur Freed-Nacio He

The o
and new, but s

Denny pre
imaginati
of fam
from re
fi

When we th
Exotic So
—Louella Pars
extraordinary jour
world with special emph
has found time and sp
business—for which all of u
same kind of pe

We at LIBERTY are j
Martin Den

forward with irresistible glee to a rosy future filled with Linda, Rosetta, Cecilia, Mandy, Louise, and the likes. He sounds as if he could sing on forever, because he's singing about chicks, the proper object of every man's attentions. They're especially nice, though, when they're the object of the Jonah Jones Quartet.

I-DIG-CHICKS
MANDY, MAKE UP YOUR MIND
MARCHETTA
TANGERINE
CECILIA
BLUE LOU

CHLO-E
LILLETTE
JUDY
LOUISE
LINDA
ROSETTA

Produced by DAVE CAVANAUGH

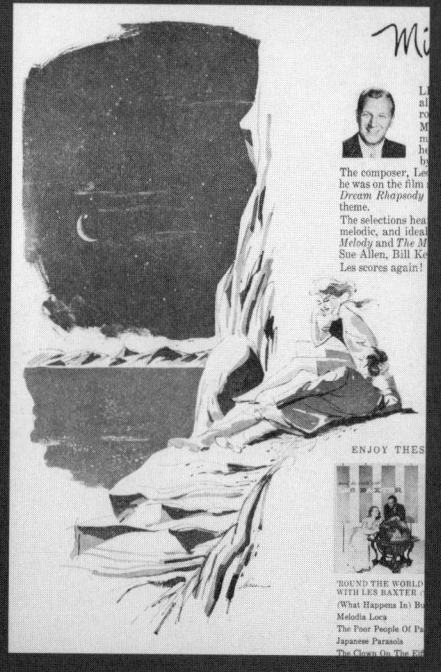

H
freshly s
Ma

Musical styles
has replaced
commonplace
order of the
moved steadil
on the cover
quartet in sho

The girls st
with Alvino
climbed to un
ous coast-to-c
the record-bu
overwhelming
girls have all

Taking tim
King Sisters w
decided to re
long-play albu

With Alvin
heard bass ma
modern stylin
ever-popular
Marilyn King
the girls feel a

MUSIC FOR R

An all-ne
"Music for
and still f
techniques
of open br
instrumen
and mean

Those fan
will be de
on these g

The many and varied moods of romance...

sometimes sweet (*My Romance*)

sometimes sad (*April in Paris*)

sometimes tender (*Some Enchanted Evening*)

sometimes bright (*Do You Ever Think of Me*)

...all are beautifully expressed here in a memorable

Index 索引 アーティスト名・アルバム名

Afterword

美女ジャケといわれるようなレコードをぽつぽつと買い始めたのは1996年頃だったと思う。80年代後半から90年代初頭にかけて熱狂したハウス・ミュージックやテクノ、そしてクラブ・カルチャーが一段落した感じで、アッパーなものにも疲れ、ダウンテンポに向かう時期だった。精神的にいろいろあって引き籠もりがちな生活だったが、レコードがそれを救ってくれた。

何を買ったのがきっかけだったかはっきり思い出せないが、おそらくはジュリー・ロンドンのレコードだったと思う。CDでは持っていたものの、レコードの魅力、それもUSオリジナル盤の風格にヤラれたような記憶がある。それからは、土日は下北沢や新宿、渋谷のレコ屋をまわる日々となった。まったく縁のなかったムード・ミュージックの世界に入り込んだのもこの時期の美女ジャケ収集からである。

1993年に刊行された『Re/Search』誌の特集「Incredibly Strange Music」の影響が、90年代後半の日本にも入り始めていたと思う。いくつかのレコード店には、この特集に掲載されたようなマニアックなレコードが入荷したりしていた。『Re/Search』誌は80年代にニューヨークでみつけてバックナンバーも買い、ずっと注目していた。「Incredibly Strange Music」は「Incredibly Strange Film」という映画特集のあとに出たものでとても刺激的だった。ムード・ミュージックのなかにもとても先進的なものがあるのをこの特集で知った。そこに掲載された何枚かは時間をかけて収集したし、本書でも取り上げている。「Incredibly Strange Music」特集はひとつの指針となった。

2000年前後は、レコ屋にはまだムード・ミュージックのコーナーがあり、商品も多かったし値段も安かった。渋谷の〈レコファン〉などはとくに多かった印象だ。でも、音楽的にも質の高い品揃えは下北沢の〈Moodsville〉が一番だった。ここではずいぶんと教えてもらったし、試聴して購入したものも多い。

こうして集めているうちにけっこうな枚数となって、単行本の企画を考えたが、当時は実現しなかったことは「まえがき」に書いたとおり。そのうち熱も冷め、処分してゆくものも多くなった。それでも売ってしまう基準は音楽ではなくジャケトだった。音楽を基準にするなら、手放して後悔するものはたくさんある。だが、手元に置いておきたかったのはジャケットの良いほうだったのだ。

　　　　　　　　　　　　　　◆

　本書ではレコードそれぞれに解説を入れ、グラフィックを重視しながらも音楽性について書いているので、筆者の音楽歴を簡単に記しておきたい。

　ビートルズの来日公演を小学生のときに家族団欒でTVで見たあたりから始まるが、高校生のときバンドを組んでプログレをやり、そのあとはジャンゴ・ラインハルトにハマって1930年代風の音楽をオリジナル曲でやっていた。そうこうしているうちにPunk ／ニューウェイヴの波がきてバンドはニューウェイヴ風に。HipHopの誕生もリアルタイムなので、そちらにも影響を受けた。ニューウェイヴが終息する頃には、シカゴのハウスやイギリスのアシッド・ハウスの波がきて一挙にそちらに向かう。この頃から12インチ・シングルを買い集めるようになった。

　ちょうど日本で初めてのクラブ・ミュージック専門誌『pump』が創刊され、そのアートディレクターになるという運にも恵まれた。『pump』は素晴らしい雑誌だったと思うが、長くは続かなかった。その後、テクノ・ミュージック雑誌『ele-king』のADもした。もっともその頃からボサノヴァなどの生音回帰に向かうのだが。ジャズに関しては10代からずっと聴き続けたし、デザインしたCDジャケットもたくさんある。だからいきなり音楽にまつわる本を書いたというわけではなく、本書もそうした人生の帰結だったと思っている。

　企画が通ったあとにレコードの画像をどうするかが難題となった。通常のスキャナーではレコードの大きさは1回でスキャンできないのですべて撮影することになった。結局、3回にわたる撮影となったが、カバーの素晴らしい写真も含めてカメラマンの植田山月さんに感謝したい。

　一度は諦めた企画が甦ったのはリットーミュージック編集部の野口広之さんのおかげである。女優アニタ・エクバーグがモデルのレコードをカバーに使うことを提案したのも野口さんであり、その判断は正しかったと思う。重ねて感謝したい。

　この本を書くことでコレクションを手放す決心ができればと思っていたが、一枚一枚、聴き込んで解説を書くと再び情も湧いてくる。美女と手を切ることは難しい。

2019年5月28日　長澤 均

Profile

長澤 均 Hitoshi Nagasawa

グラフィック・デザイナー／ファッション史家

美術展のポスター等の宣材、雑誌やMOOKのアート・ディレクション、本の装幀、CDジャケットなどのグラフィック・デザインのかたわらファッション・カルチャー史に関して執筆。カシオのリスト・ウォッチ「mondo style」は、コンセプトやネーミングも担当。19世紀半ばからのモード雑誌や8bitのヴィンテージ・コンピュータのコレクターでもある。

著作

2018年『20世紀初頭のロマンティック・ファッション〜ベル・エポックからアール・ヌーヴォー、アール・デコまでの流行文化史』(青幻舎)
2016年『ポルノ・ムービーの映像美学〜エディソンからアンドリュー・ブレイクまで 視線と扇情の文化史』(彩流社)
2013年『流行服〜洒落者たちの栄光と没落の700年』(ワールドフォトプレス)
2009年『昭和30年代 モダン観光旅行〜絵はがきにみる風景・交通・スピードの文化』(講談社)
2006年『BIBA スウィンギン・ロンドン 1965-1974』(ブルース・インターアクションズ)
2000年『パスト・フューチュラマ〜 20世紀モダーン・エイジの欲望とかたち』(フィルムアート社)
1986年『倒錯の都市ベルリン 1918-1945〜ワイマール文化からナチズムの霊的熱狂へ』(大陸書房)

編著

2008年『GIRLY PHENOMENON 60/70〜キュートでオシャレなガールズ・ファッションイラスト』(毎日コミュニケーションズ)
2007年『Scratch on the Wall 〜日本のグラフィティ+ペインター最前線』(ブルース・インターアクションズ)
2006年『ロゴ・モンド〜アートディレクターが選んだHipでCoolなロゴ&タイポグラフィ集』(グラフィック社)

監修

2008年『ショッキング・ピンクを生んだ女〜私はいかにして伝説のデザイナーになったか』(ブルース・インターアクションズ)
2008年『BIBAをつくった女〜バーバラ・フラニッキ自伝』(ブルース・インターアクションズ)
2007年『OSSIE CLARK ロマンティック・キングダム 1965-1974』(ブルース・インターアクションズ)

URL. http://www.papiercolle.net ● E-MAIL. papiercolle@nifty.com

---

Venus on Vinyl 美女ジャケの誘惑

2019年6月21日　第一版第一刷発行　本体2,800円＋税

編集・執筆：長澤 均

デザイン：長澤 均 [papier collé]
編集補佐：池田ひかる [papier collé]
ジャケット撮影：植田山月

発行所
株式会社 リットーミュージック
〒101-0051
　東京都千代田区 神田神保町1-105 神保町三井ビルディング 22F
https://www.rittor-music.co.jp/

発行人：松本大輔
編集人：永島聡一郎
編集担当：野口広之
印刷・製本：株式会社シナノ

ISBN978-4-8456-3375-3

【乱丁・落丁などのお問い合わせ】
TEL：03-6837-5017 ／ FAX：03-6837-5023
service@rittor-music.co.jp
受付時間／10:00-12:00、13:00-17:30
(土日、祝祭日、年末年始の休業日を除く)

【書店様・販売会社様からのご注文受付】
リットーミュージック受注センター
TEL：048-424-2293 ／ FAX：048-424-2299

【本書の内容に関するお問い合わせ先】
info@rittor-music.co.jp
本書の内容に関するご質問は、E メールのみでお受けしております。お送りいただくメールの件名に「美女ジャケの誘惑」と記載してお送りください。ご質問の内容によりましては、しばらく時間をいただくことがございます。なお、電話やFAX、郵便でのご質問、本書記載内容の範囲を超えるご質問につきましてはお答えできませんので、あらかじめご了承ください。